丝绸之路·新疆段卷·

织染绣服饰研究

王乐 著

上海高校服务国家重大战略出版工程出版资助

東華大學出版社·上海

图书在版编目（CIP）数据

丝绸之路织染绣服饰研究．新疆段卷 / 王乐著．--
上海：东华大学出版社，2020.6
ISBN 978-7-5669-1746-1

Ⅰ．①丝… Ⅱ．①王… Ⅲ．①丝绸之路—民族服饰—染织—研究—新疆②丝绸之路—民族服饰—刺绣—研究—新疆 Ⅳ．① K876.94

中国版本图书馆 CIP 数据核字（2020）第 089803 号

地图审图号：GS（2018）5193 号

责任编辑：马文娟
装帧设计：上海三联读者服务合作公司

丝绸之路织染绣服饰研究·新疆段卷
SICHOUZHILU ZHIRANXIU FUSHI YANJIU · XINJIANGDUANJUAN

王 乐 著
出 版：东华大学出版社（上海市延安西路 1882 号，邮政编码：200051）
出版社官网：http://dhupress.dhu.edu.cn
出版社邮箱：dhupress@dhu.edu.cn
发 行 电 话：021-62373056
印 刷：上海雅昌艺术印刷有限公司
开 本：787mm × 1092mm 1/16
印 张：12.75
字 数：522 千字
版 次：2020 年 6 月第 1 版
印 次：2020 年 6 月第 1 次印刷
书 号：ISBN 978-7-5669-1746-1
定 价：128.00 元

序

新疆是丝绸之路上出土纺织品最为丰富集中、最为激动人心的地方。我曾走过丝绸之路上的很多地点和路线，包括沙漠和戈壁相连的这段丝绸之路，不得不承认，新疆是出土丝绸最佳的地方，没有其他地方会比新疆更佳。新疆的地理优势在于，这里是北距北冰洋，南距印度洋，西到地中海或大西洋，东到太平洋最远的地方，是亚洲腹地，是世界上最为干燥的地方。所以，任何东西被埋在这里，都会有一个极好的保存环境。正因为如此，自20世纪初以来，国外以及国内大批“探险家”和“考古学家”进入这里：斯文·赫定（Sven Hedin）、斯坦因（Marc Aurel Stein）、勒柯克（A. von Le Coq）、大谷探险队、奥登堡（S. F. Oldenburg），以及后来的西北科考团。20世纪下半叶随着新疆、甘肃、青海等地的考古队和博物馆的科学考察，逐渐揭开了新疆考古的面纱。人类埋在地下的物质其实都相类似，但因为干燥的环境特别容易保存有机物，所以新疆的考古发现中有机物占了很大比例，丝绸是其中最为耀眼和重要的有机物。与丝绸之路其他各段相比，新疆考古的最大特色就是出土的丰富多彩的丝绸文物。

丝绸之路上的丝绸考古研究主要从西方开始。当斯文·赫定和斯坦因等人把新疆出土的丝绸和纺织品带到欧洲时，引起了纺织考古界的轰动。斯文·赫定把出土的丝绸带到了瑞典，引起了西尔凡（Vivi Sylwan）的关注；斯坦因把丝绸带到了英国，邀请安德鲁斯（Fred Andrews）进行研究。在中国，新疆丝绸的研究者首推新中国考古界的领头人夏鼐，以及在新疆地区深耕考古数十年的武敏和贾应逸等学者。到后来，特别是20世纪70年代以后，开始有纺织技术界学者介入，从纺织科技史的角度对出土丝绸进行较为深入的研究。国外学者以法国里昂国际古代纺织品研究中心（CIETA）的一批专家为主，领头人非加布里埃尔·维亚尔（Gabriel Vial）和克里希娜·里布（Krishna Riboud）等莫属；国内学者则是以上海纺织科学研究院、华东纺织工学院（现东华大学）的高汉玉、周启澄为主。特别是当华东纺织工学院改名为中国纺织大学之后，以这一学校为核心的纺织科技史团队开始招收古代纺织工程的硕士和博士研究生，我也有幸在其中学习并慢慢成长。到了21世纪之后，东华大学的染织服饰史论，特别是其中的丝绸之路纺织考古和丝绸研究，已成为这一研究领域的核心内容。

王乐博士正是其中的中坚力量。她有着很好的学科背景。本科毕业于上海交通大学工业设计系，硕士在东华大学师从包铭新，到博士阶段，包铭新让她跟随我一起学习、工作，从此之后参与并从事了大量的丝绸之路丝绸及纺织考古的具体工作。她入门不久，就跟随我一起进行敦煌莫高窟藏经洞出土但收藏在伦敦、巴黎、圣彼得堡等地的丝绸的整理工作；一起进行了新疆吐鲁番阿斯塔那170号墓出土丝绸服饰的全面研究和整理；2006年参与了环塔克拉玛干沙漠的纺织品考察，并进行了新疆和田布扎克墓地出土丝绸的研究。她还特别具有国际合作经验，参与了敦煌丝绸艺术全集和织为货币（Textile as Money）等国际合作项目。2014年至2015年，她还去了美国费城的宾夕法尼亚大学，在那里结合语言学开展丝绸之路上的丝绸研究。

此书可以说是王乐近年工作的一个小结。书的总框架应该是整个丝绸之路的丝路访绸，而此卷只是新疆段发现的丝绸文物。书中她极为细致地收罗了新疆地区出土的所有丝绸文物资料，从汉晋时期的楼兰、尼雅、山普拉、扎滚鲁克和营盘，到魏唐时期的吐鲁番阿斯塔那-哈拉和卓、木头沟、巴达木、盐湖，以及五代宋元时期的吐鲁番吐峪沟、胜金口、和田布扎克、阿拉尔、喀什等地出土的丝绸。这些织物中有很大部分她都曾亲眼见过、亲自分析过，所以此书并非她简单的罗列，而更多的是她的研究和复原。此外，她还收罗了新疆文书所见丝绸史料，特别是吐鲁番出土文书，楼兰、尼雅出土汉简文书以及和田出土于阗语文书等。书的最后还综述了关于新疆丝绸考古的研究情况。所以，此书可以说是对新疆考古发现的丝绸实物与文献最为详细的文献综述，是我们研究丝路之绸、研究丝绸之路极为重要的参考书。

是为序。

目录

第一章

总论

“丝绸之路”一词由德国地理学家李希霍芬（Ferdinand von Richthofen）于19世纪70年代首先使用并为世界所认同。丝绸之路是古代东西方交通要道，也是东西方文化交流的重要通道，起始于中国，连接亚洲、非洲和欧洲。广义的丝绸之路可分为陆上丝绸之路和海上丝绸之路，狭义的丝绸之路一般仅指陆上丝绸之路。陆上丝绸之路形成于公元前2世纪与公元1世纪间，以长安（今西安）为起点，经河西走廊到敦煌，再从敦煌起分为南北两路，穿越葱岭，往西经安息（今伊朗地区）到达大秦（古罗马帝国）。丝绸之路其实包括“丝绸”和“路”两个关键词，目前人们对丝绸之路的研究大多在“路”上，而对丝绸之路上的丝绸和纺织品却关注较少。由于从中国运出的丝绸是这条交通贸易道路上最受欢迎、影响最大的商品之一，因此关注丝绸之路上的丝绸，了解其在中国的起源、从东方向西方的传播以及东西方纺织文化在丝绸之路上的交流非常重要。

第一节　新疆与丝绸之路

中国是世界上最早饲养家蚕和织造丝绸的国家。汉唐期间，丝绸之路从长安出发，途经河西走廊，穿过塔里木盆地，直达地中海沿岸，而养蚕和丝织技艺也沿着丝绸之路由中原传入新疆直至西方，为人类文明做出了巨大贡献。

汉代的东西交通多由陆路，分南北两途，经由中国西部（今新疆维吾尔自治区）以达安息（伊朗）、天竺（印度）、大秦（古代罗马）。《汉书》卷九十六《西域传》记载："自玉门、阳关出西域有两道。从鄯善傍南山北，波河西行至莎车，为南道；南道西逾葱岭则出大月氏、安息。自车师前王廷随北山，波河西行至疏勒，为北道；北道西逾葱岭则出大宛、康居、奄蔡焉（耆）。"[1] 这两条中西交通大道就成为后来著名的"丝绸之路"。至隋，丝绸之路分为三道。《隋书·裴矩传》引《西域图记·序》："发自敦煌，至于西海，凡为三道，各有襟带。北道从伊吾，经蒲类海铁勒部，突厥可汗庭，度北流水河，至拂菻国，达于西海。其中道从高昌，焉耆，龟兹，疏勒，度葱岭，又经钹汉，苏对沙那国，康国，曹国，何国，大、小安国，穆国，至波斯，达于西海。其南道从鄯善，于阗，朱俱波、喝槃陀，度葱岭，又经护密，

[1]（汉）班固：《汉书》，北京：中华书局2007年版，第961页。

丝绸之路地图
Map of the Silk Road

丝绸之路地图（黄时鉴绘制）

吐火罗，挹怛，帆延，漕国，至北婆罗门，达于西海。其三道诸国，亦各自有路，南北交通。其东女国、南婆罗门国等，并随其所往，诸处得达。故知伊吾、高昌、鄯善，并西域之门户也，总凑敦煌，是其咽喉之地。”[1]

丝绸也是联系中国和其周边国家的重要纽带，是反映中国通过丝绸之路给沿途国家和地区带来变化最具代表性的物质之一。丝绸之路开通之后，中国与国外的纺织文化交流十分频繁，而丝绸亦是丝绸之路上的主要贸易物品。新疆的纺织品文物主要出土自塔克拉玛干沙漠四周，分布在丝绸之路出河西走廊之后的最为重要的两条道路上，这两条道通常被称为中道和南道，即沙漠绿洲丝绸之路。新疆历史和文化的复杂性、民族的多元性、语言的多样性，使该地区的染织研究涉及历史、考古、语言、民族、民俗、艺术、宗教、哲学、文学以及地理学等诸多领域。

2014年6月22日，在卡塔尔多哈举行的第38届世界遗产大会上，中国、哈萨克斯坦和吉尔吉斯斯坦三国联合对“丝绸之路：长安-天山廊道的路网”申报世界遗产，并获得了成功。这一线路跨度近5 000公里，沿线包括中心城镇遗迹、商贸城市、交通遗迹、宗教遗迹等5类代表性遗迹共33处，中国境内有22处考古遗址、古建筑等遗迹，其中包括新疆6处、甘肃5处、陕西7处、河南4处。

[1]（唐）魏征等：《隋书》（第六册），北京：中华书局1972年版，第1579、1580页。

第二节　新疆纺织考古概述

纺织考古是20世纪随着近代考古学发展而逐渐形成的一门新兴交叉学科。它是科技考古的一个分支，以考古过程中发现的纺织品、纺织工具或是与纺织相关的图像等为对象进行整理和研究。[1]中国纺织考古的发现与研究起步较晚，对纺织品的考古发掘最先由西方人发起。

19世纪末20世纪初，清王朝摇摇欲坠，中国西北地区局势动荡，国外列强为了在此争夺势力范围，纷纷前来新疆进行所谓的“探险”，而古丝路及湮没于沙漠中的绿洲城郭是他们关注的中心之一。在众多外国人中，比较引人瞩目的有瑞典人斯文·赫定、英国人马克·奥雷尔·斯坦因、法国人保罗·伯希和（Paul Pelliot）、俄国人季米特里·克莱门茨（D. A. Klementz）和奥登堡、德国人阿尔伯特·格伦威德尔（A. Grünwedel）和阿尔伯特·冯·勒柯克、日本人大谷光瑞和橘瑞超等。

1897年，俄国圣彼得堡科学院派季米特里·克莱门茨到天山南部进行自然科学考察兼考古、收集文物。克莱门茨在吐鲁番考察，盗掘了高昌回鹘的都城，阿斯塔那-哈拉和卓古墓，及吐峪沟、木头沟和其他一些古代佛教遗

[1] 赵丰：《丝绸史与考古学》，《丝绸》1987年第9期，第38–41页。

址共计130个洞窟，收集了多件文物。克莱门茨用德文撰写了此行的考察报告《1898年圣彼得堡俄国科学院吐鲁番考察报告》（*Nachrichten über die von der Kaiserlichen Akademie der Wissenschaften zu St. Petersburg im Jahre 1898 ausgerüstete Expedition nach Turfan*），此书引起了人们对新疆沙漠边缘丰富文物宝藏的兴趣。1906—1907年，由俄国皇家地理学会派遣，科卡诺夫斯基（A. I. Kokhanovsky）率领的考察队对吐鲁番地区的古代遗址进行考察。1909—1910年，俄国圣彼得堡科学院派奥登堡对天山南北地区进行考察，他在硕尔楚克（今新疆库尔勒附近）收集了大量雕塑和壁画，然后去了吐鲁番的高昌和柏孜克里克。在返回途中又粗略地侦查了库车、罗布泊等周围的古遗址。此后奥登堡进行了详细的资料整理与研究工作，发表了一系考察成果。[1]

瑞典人斯文·赫定在1893—1897年曾到达新疆塔里木盆地，1899—1902年第二次中亚探险期间，他沿塔里木河顺流而下到达罗布泊北，发现了古代楼兰遗址。斯文·赫定在楼兰盗掘了数以百计的魏晋时期木简残纸、大批汉魏南北朝时期的钱币、东方的丝绸残片、西方的毛织物残片，以及犍陀罗艺术风格的木雕残片。[2] 新疆人民出版社的中译本《穿过亚洲》和《罗布泊探秘》是斯文·赫定两次探险的报告，前者完成于1898年，后者最初出版于1905年。

1900年，受斯文·赫定的感召，英籍匈牙利人斯坦因第一次踏入中国西部，走进了塔克拉玛干大沙漠。他经喀什、莎车到达和田，在丹丹乌里克“清理”和“勘察”了沙漠中分布的房屋遗址；在尼雅遗址，发现了佉卢文简牍和一些精美的木雕及纺织品；之后又在安迪尔和喀拉墩等遗址进行了发掘。一年后，斯坦因带着12箱装满艺术品和木简等珍贵物品的箱子回到伦敦，并将此次“考察”记录在考古报告《古代和田》（*Ancient Khotan*）和个人考察笔记《沙埋和田废墟记》（*Sand-buried Ruins of Khotan*）中。1906—1908年，斯坦因进行了他的第二次中国西部“探险”，考察重点仍然是塔克拉玛干南部，由此去敦煌，最后到达哈密、吐鲁番和天山南部诸绿洲。斯坦因第二次考古探险的个人考察笔记为两卷本的《沙漠契丹》（*Ruins of Desert Cathay*），1921年增订为五卷本的正式考古报告《西域考古图记》（*Serindia*）。1913年，斯坦因开始了他的第三次中国西部探险，此次考察延续了两年又八个月，从中国最西端穿过整个塔里木盆地一直到阿姆河源头和伊朗，从南部的兴都库什河谷到北方的准噶

[1] 王素：《敦煌吐鲁番文献》，北京：文物出版社，2005年版，第66、67页。
[2] 斯文·赫定：《亚洲腹地探险八年》，乌鲁木齐：新疆人民出版社2001年版。

尔和内蒙古。此次考察的详细报告是1928年出版的四卷学术著作《亚洲腹地》(*Innermost Asia*)。1930年，斯坦因着手第四次中国西部考察，并试图再次考古盗掘，但在中国学术界普遍反对的情况下，斯坦因最终被驱除出境。[1]

受到克莱门茨及斯坦因所取得巨大"成就"的诱惑，德国人开始了他们的四次新疆探险。1902—1903年，德国画家、佛教美术家阿尔伯特·格伦威德尔带领"德国吐鲁番考察队"先后在哈拉和卓、高昌古城、胜金口、木头沟地区进行多次盗掘，对高昌故城进行了重点发掘并带回了44箱古代艺术品和出土文献。1904—1905年的德国第二次考察仍以吐鲁番为中心，先后发掘了哈拉和卓、亦都护城、胜金口、木头沟、七泉湖和哈密等古代遗址。盗掘文物主要包括大量的文献写本及摩尼教和佛教许愿用的织物做的旗幡、表现宗教内容的布画和其他一些纺织品、钱币。1906—1907年，第三次皇家普鲁士考察队由格伦威德尔任队长，勒柯克任副队长。他们先在马拉尔巴什附近的图木舒克遗址进行盗掘，然后重点在库车考察。盗取大量克孜尔精美壁画后，格伦威德尔一行前往位于库尔勒和焉耆之间的舒尔楚克遗址，在那里发现了一批写本和泥塑。之后前往吐鲁番和哈密又进行了持续达九个月的考察，发现了大量的壁画、雕塑、绢布画以及古代写本文献。[2] 1913—1914年，勒柯克带队再次来到吐鲁番和库车进行考察，盗掘了文物和文献。

1906年，法国伯希和西域考古探险团组建并前往中国西北地区，进行了近3年的"探险"活动。他们首赴喀什地区与图木舒克，在喀什地区，收集到一些价格有限的佛教文物，但在图木舒克盗掘了大批雕塑、壁画、陶器和杂物。其中的浅浮雕揭示了在公元七至八世纪期间把中国西域与犍陀罗艺术联系起来的纽带。1907年，伯希和一行至库车，对苏巴什、克孜尔、库木吐拉等千佛洞遗址进行了挖掘及拍照，随后经由轮台、库尔勒、焉耆直至乌鲁木齐。[3]

日本人的西域"探险"是由日本西本愿寺法主大谷光瑞派遣的大谷探险队所进行。1902—1904年的第一次探险由大谷光瑞率领随行人员渡边哲信、堀贤雄、本多惠隆、井上弘圆等人，自伦敦出发，经撒马尔罕、浩罕，进入喀什噶尔。途中大谷光瑞获悉父亲去世的消息，急忙赶回国，另外两名队员渡边哲信和堀贤雄前往和田、库车、吐鲁番等地考察。1908—1909年的第二次探险是大

[1] 巫新华：《斯坦因》，北京：中国民族摄影艺术出版社2002年版。
[2] 荣新江：《海外敦煌吐鲁番文献知见录》，南昌：江西人民出版社1996年版。
[3] 伯希和：《伯希和西域探险记》，昆明：云南人民出版社2001年版。

谷光瑞派橘瑞超和野村荣三郎二人前往，主要发掘了吐鲁番、楼兰和库车等地的文物。这次考察活动在吐鲁番与楼兰都有重大发现，著名的《李柏文书》就是在这次考察中发现于楼兰的。1910—1914年进行的第三次探险是在前二次的基础上进行的，橘瑞超在吐鲁番、楼兰、和田等地进行盗掘后至敦煌与吉川小一郎会合，随后两人又回到吐鲁番。橘瑞超先行离开后，吉川小一郎继续在吐鲁番、库车、和田、伊犁等地考察直至离开。[1] 大谷探险队的盗掘比较混乱，许多出土物无详细出土地点的记录，这给后人的研究带来了麻烦。

20世纪初西方和日本探险队的一系列中亚探险活动使盗掘自中国西域的大批古物流散在世界各地。20世纪20至30年代，我国学者开始关注丝绸之路，开始了对我国西域的科学考古。1927年，考古学家黄文弼作为中国瑞典西北科学考察团成员来到新疆，工作重点在吐鲁番、罗布泊及塔里木盆地周围古代城址，他的考古发现极大地振奋了中国学术界。1928年，黄文弼在巴楚县托库孜萨来佛教遗址发掘出一个由锦、绫和绢缝制的小袋，内部盛放8颗舍利。[2] 这个团的工作原定期限两年，后来实际延期到1933年。1943年，受西北大学委托，黄文弼再次来到新疆调查。1957—1958年，他又入新疆，前往哈密、伊犁、焉耆、库车、巴楚及喀什、和田等地，为新疆考古研究作出了重要贡献。黄文弼根据实地考察资料，论证了楼兰、龟兹、于阗、焉耆等古国及部分古城的地理位置和历史演变，判明了麹氏高昌王国的纪年顺序。其考察所获，为新疆地区历史考古研究积累了相当丰富的资料。

中华人民共和国成立之后，我国考古者对新疆塔里木盆地及其周边地区的墓葬和遗址进行了多次清理和发掘，收获颇丰。

20世纪50年代中期到70年代中期，新疆的考古工作者对吐鲁番古代墓葬和遗址进行了多次清理和发掘，尤其是1959—1975年对阿斯塔那-哈拉和卓及交河故城等古代墓葬和遗址进行了13次大规模清理和发掘，共清理和发掘近500座墓葬和1处遗址。[3] 1975年以后，又进行过多次清理和发掘，也颇有收获，出土纺织品十分丰富，是研究新疆乃至我国晋唐纺织史的珍贵实物资料。此外，1959年新疆维吾尔自治区博物馆在清理胜金口附近的寺院遗址时，发掘出一个装舍利的锦袋。2009年和2012年，新疆文物考古研究所在石窟区又发掘出土包括鞋、刺绣和绢画残片在内的织物14件（组）。1970年乌鲁木齐市南郊盐湖南岸发掘了两座分别为唐代和元代的墓葬，墓中出土了一

[1] 大谷光瑞：《丝路探险记》，乌鲁木齐：新疆人民出版社1998年版。
[2] 祁小山、王博：《丝绸之路·新疆古代文化（续）》，乌鲁木齐：新疆人民出版社2016年版，第232页。
[3] 王素：《敦煌吐鲁番文献》，北京：文物出版社2002年版，第71页。

批丝、棉服饰和纺织品残片。1976—1978年，新疆自治区博物馆考古队在乌鲁木齐市南山鱼儿沟和阿拉沟的墓葬中发掘了包括绢地刺绣（图1-1）和菱纹罗[1]在内的丝织物，年代为战国至西汉时期。

环塔克拉玛干沙漠的遗址和墓葬中也有大量的纺织文物考古发现。1959年，我国学者首次在尼雅遗址发掘了2座汉晋时期的墓葬，装裹尸体的衣、裤、裙、袍、手套、袜等丝织物都保存得相当完整。1988年，中日学术考察队对尼雅遗址展开了较为全面的考察，1991年发掘出土了4件毛织物、7件丝织物；1995年发现了Ⅰ号墓地及佛寺遗址，并进行了抢救性清理发掘，取得重大收获，出土了包括“五星出东方利中国”织锦护臂和“王侯合昏千秋万岁宜子孙”锦衾等纺织品及衣物。1980年，新疆楼兰考古队在距楼兰LE城4.8公里的风蚀台地上发现了2座楼兰人墓葬，出土了丝织物75件、毛织物22件、棉织物5件及高帮皮鞋、金丝耳环等。2003年，新疆探险家赵子允率队进楼兰，发现了楼兰彩棺和精美的墓中壁画。1983—1996年，新疆维吾尔自治区博物馆和新疆文物考古研究所等机构先后对洛浦县山普拉古墓群进行过四次清理发掘，共发掘墓葬68座，出土大量风格独特的汉至北朝时期的毛、

图 1–1　阿拉沟出土凤鸟纹刺绣

[1] 新疆社会科学院考古研究所：《新疆阿拉沟竖空木椁墓发掘简报》，《文物》1981年第1期，第22页。

丝、棉及服饰。1985—1998年，新疆维吾尔自治区博物馆等机构对且末县的扎滚鲁克古墓群进行了三次考古发掘，共发掘了167座墓葬，墓地出土大量汉晋时期的毛织物、织锦、刺绣以及少量棉织物。1989年、1995年、1999年，新疆文物考古工作者先后三次对尉犁县营盘墓地进行了抢救性清理发掘，共发掘墓葬约120余座，清理被盗墓百余座，出土了大量纺织品，有丝、毛、棉、麻四类，前两类最多，占出土文物总数的三分之一以上。

除了上述发掘，新疆其他地区的墓葬中也零星出土过一些纺织品。1997年在伊犁地区的波马土墩墓中发现了一批公元6世纪前后的丝织物，包括锦、绮、绫、绢、绞缬和刺绣（图1-2）等；[1] 1957年在若羌县的阿拉尔宋代墓葬中出土了包括两件锦夹袍、两件丝质单袍和一顶锦帽在内的服饰和一些丝织物残片；20世纪70至80年代和田布扎克墓葬中出土了三具尸体，身上的服饰保存较完好，墓中出土的织物品种有锦、绫、绮、绢和刺绣等。

图1-2　波马出土缀金珠刺绣

[1] 赵丰:《丝路之绸：起源、传播与交流》，杭州：浙江大学出版社2015年版，第140、141页。

第二章

汉晋时期丝绸

汉代是丝绸之路开拓过程中的重要年代，汉武帝时张骞出使西域，使丝绸之路一直延伸到地中海沿岸，中国的丝绸由此被绵绵不断地运向沿途的国家和地区，从而名扬天下。汉代织锦中有相当一部分就是发现在丝绸之路沿途的甘肃、新疆地区甚至是远在蒙古的诺因乌拉等地。

汉代织锦多为经锦，通常以云气与动物为主题图案，穿插一些祈福或含有吉祥和特殊含义的语句或词汇，是汉锦中最具特色的图案之一，当时也被称作“云虡”纹[1]。云纹一般是作为图案的骨架，其间穿插有龙、虎、麒麟等瑞兽和禽鸟。受到织造技术的限制，图案往往沿纬线方向通幅排列，三角形是汉锦幅边两侧较常见的开始或结束图案。图案经向循环较小，织物上会呈现出一条条的窄带。图案色彩丰富，通常在三色以上，且多分区显色，使一件锦上的色彩总数可达到五种。新疆地区出土的云气动物纹锦的配色、动物造型和排列方式都很相似，此类锦在汉代的流行或许与当时统治者热衷于道家神仙学说有关。

随着蚕桑技术传入新疆，当地人民也开始学习织造丝绸特别是提花织锦的方法。汉晋时期营盘和吐鲁番等地出土的绵线锦是他们的最初尝试，采用破茧纤维加捻纺成经纬线。织物采用平纹纬重组织织造，实现了从经锦到纬锦的过渡。其图案可以是几何纹样、仿汉式织锦图案及由人物、动物、各种树和树叶组成的混杂纹样等。同时，西方的纺织文明也开始影响中国，使我国纺织品的织造技术和图案设计风格产生了极大的变化，织造出文书中记载的高昌锦、丘兹锦、疏勒锦等这些有地方特色的织锦。

[1] 孙机：《汉代物质文化资料图说》，上海：上海古籍出版社 2008 年版，第 80 页。

第一节 楼 兰

楼兰遗址位于新疆巴音郭楞蒙古族自治州若羌县东北部，罗布泊西北岸，孔雀河下游三角洲的南部，西南距若羌县城220公里，西北距库尔勒市340公里。《汉书·西域传》记载："鄯善国，本名楼兰，王治扜泥城，去阳关千六百里，去长安六千一百里。"[1]由于罗布泊地区自然环境的变化，曾经繁盛一时的楼兰国于公元4世纪左右逐渐消亡，掩埋在茫茫沙漠之中。1900年3月瑞典人斯文·赫定在去西藏的途中来到罗布泊，发现一处古城遗址，收集品包括木质佛像、钱币、玻璃杯、毛毡、丝绸、麻线、鞋以及汉文文书和佉卢文简牍等。这批文书被带到欧洲后，经专家解读，发现此遗址就是古楼兰王国，随后掀起了一股楼兰探险考察热。[2]

1934年，斯文·赫定再次来到楼兰，在编号为35号的墓葬和编号为34号和38号的墓葬群中又发掘出许多丝织品。35号墓内埋葬着一位年轻女性，身着精美的丝绸服饰。墓中出土了一只织成履，长约23厘米。鞋头部分保存完好，以土黄色、红色和绿色丝线为纬，绕着经线相互绞转编出几何纹和龙

[1]（汉）班固:《汉书》，北京：中华书局2007年版，第962页。
[2] 斯文·赫定:《亚洲腹地旅行记》李述礼译，上海：上海书店1984年版，第305-362页。

纹等图案（35 : 19，图2–1）。同墓出土的锦袋高17厘米，由两种云气纹锦拼缝而成，红地锦上织有“无极”两个汉字，深蓝地锦上保留汉字“宜”（35 : 18，图2–2）。[1]

1906年和1914年，英国人斯坦因两次来到楼兰，他除对古楼兰城遗址进行大规模发掘外，还发现了许多新的遗址和墓地。他将这些遗址逐个编了号，发掘品中除了大量精美的丝织品外还有石器、陶片、青铜制品，以及汉文和佉卢文木简牍与文书。1906年12月，斯坦因在编号为L. A. 的遗址发现了一些毛织物残片、鞋子和大量色彩鲜艳的小块丝绸，在L. A. I. 遗址还发现了一小捆宽度约47.7厘米、直径约6.4厘米的黄色丝绸。[2] 1914年斯坦因重返罗布泊，在编号为L.C.的墓葬群中发掘了用汉文、佉卢文、粟特文、婆罗迷文写成的文书、铜镜、木器以及大量的丝织物和毛织物等物品。斯坦因将该墓葬的年代定为公元前2世纪末至公元3世纪后期。丝织物品种丰富，有锦、汉式绮、绢、刺绣。[3] 斯坦因在L. C. 遗址发现了大量织有铭文的动物云气纹汉锦，铭文包括“韩仁绣文衣右子孙无极”“长乐明光”“登高明望四海”（L.C.08，图2–3）、“延年益寿”等。其中“韩仁绣文衣右子孙无极”锦（L.C.07.a，图2–4）宽约45.7厘米，完整保留了两侧的幅边，幅边两侧各织一列三角形。中间部分的图案是在通幅式云气骨架中排列着翼龙、麒麟和虎等动物，绛红色地上以白色、棕黄色和蓝色显花。在织锦上出现“绣”字很罕见，或许是因为当时人们对这种表观效果类似于绣的彩色织物的命名还不那么严格，有时也会称之以“绣”。斯坦因在楼兰发现了两件兽头锦，其中一件的兽头双目圆睁口大张，头下方有两只细小的前爪，左右各立一只麒麟（L. C. x. 04，图2–5）；另一件（L. C. ii. 01，图2–6）的兽头纹跟连枝灯、虎、龙等纹样横向并列横贯至通幅。

图 2–1 织成履鞋头

图 2–2 锦袋局部

图 2–3“登高明望四海”锦

[1] Vivi Sylwan, *Investigation of Silks from Edsen-gol and Lop-nor*, Bangkok: SDI Publication, 2001, pp.33-47.
[2] Aurel Stein, *Serindia*, Oxford: Oxford at the Clarendon Press, 1921, pp. 318–345.
[3] Aurel Stein, *Innermost Asia* (Vol. I), Oxford: Oxford at the Clarendon Press, 1928, pp. 214–280.

图 2-4“韩仁绣文衣右子孙无极”锦

图 2-5　兽头锦及其图案复原

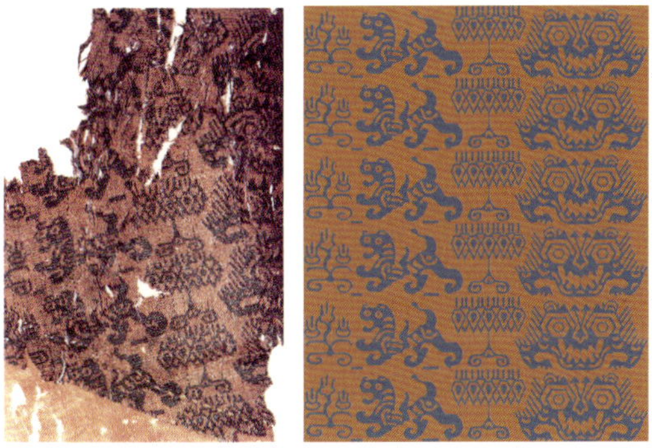

图 2-6　兽头锦及其图案复原

1979年至1980年，新疆考古研究所楼兰考古队三次深入罗布泊，对楼兰古城遗址及附近墓葬群进行考古调查和重点发掘。1980年3月至4月，考古工作队小分队在楼兰城郊发掘两处古墓群，分别为平台墓地MA和孤台墓地MB，而MB即为斯坦因1914年盗掘并命名的L.C.墓地。考古队对MB墓地2号墓（斯坦因编号L.C.iii）进行了重新清理，发掘了大量精美纺织品，其中丝织物75件，品种包括锦、绮、绢和刺绣。绮5件，图案有菱格动物纹、兽面纹等。绢16件，其中包括绢质冥衣（80 MB2 : 28）1件，宽衣长袖，衣长15厘米，身宽约8.5厘米，袖长各6.5厘米；腰部两侧各钉三根供系结用的黄色和赤红色小绢带，领、袖和下摆以黄色绢贴边，中为褐色绢。锦数量最多，共53件，其上所织的铭文有“延年益寿大宜子孙”“延年益寿长葆子孙”“长寿明光”（80 MB2 : 45，图2-7）、“望四海贵富寿为国庆”“登高贵富”“永昌”（80 MB2 ：38，图2-8）、“续世”和“广山”等。“延年益寿大宜子孙”锦

图 2-7 “长寿明光”锦

图 2-8 “永昌”锦

图 2-9 “延年益寿大宜子孙”锦

（80 MB2 : 32，图2-9）为平纹经锦，绛红色地上以蓝色、白色和棕黄色显花。图案以带状和穗状的云气纹为骨架，中间穿插祥禽瑞兽，并从右至左织出8字铭文。背面有佉卢文题记一行，经林梅村解读，意为“频婆·室利诃陀之锦，一百钱”。[1]

2003年春，新疆文物考古研究所对位于L.E. 城东北约4公里处的壁画墓进行考古清理挖掘。该墓被认为是魏晋时期L.E.城一个贵族家族的合葬墓，年代约为公元3至4世纪。壁画墓为带长墓道的洞室墓。墓道口开在台地南缘的斜坡上，墓道长10米，前窄后宽。墓室为前后室，均已被盗，前墓室内是横七竖八的棺板和一些填土，后室中部堆积着棺板。前后室四壁均有壁画，共绘有男女人物11人及马、骆驼等动物形象。清理出木棺4~5具，其中两块彩绘棺盖板上绘有穿壁纹和云纹。墓中清理出木杯、彩色箭杆、皮囊、象牙篦、木梳等物品以及大量的丝毛织物残片。[2]这些织物残片大多为破损的衣物，经清理拼对，能辨认的服饰包括袍、衫类上衣5件，裙1件，刺绣手套1只，贴金衣饰1件，棉袜3只。此外还有几何纹锦1件，几何纹绮1件，三角形刺绣1件，以及棉、毛织物残片若干。半袖袍（03LM1 : 1，图2-10）交领右衽，喇叭式半袖，束腰，下摆宽大，右边的衣襟、袖子和部分衣领缺失。衣长88厘米，通袖宽（残）64厘米。衣服大身面料为淡蓝色菱格纹绮，红色、白色、棕色、淡蓝色绢分别做衣袖和衣缘以及腰间的带饰。里衬为本色绢，领缘内夹白色棉布衬。衣缝两边都有细密、均匀的褶皱，其定型技术尚不清楚。彩绘绢衫（03LM1 : 3）圆

[1] 新疆楼兰考古队：《楼兰城郊古墓群发掘简报》，《文物》1988年第7期，第23–39页。
[2] 张玉忠：《楼兰地区发现彩棺壁画墓葬》，收入《中国考古学年鉴》（2004年），北京：文物出版社2005年版，第410–412页。

图 2–10　半袖袍

领左衽，后背、左袖和左襟大部分缺失。衣长120厘米，通袖宽（复原）190厘米。单层，以白色绢为面料，前胸彩绘一尊站在莲花上的人物，上部缺失，人物周围及衣袖满绘花卉和璎珞。长袖短衣（03LM1：2，图2–11）衣长53厘米，通袖长153厘米，主体部分以姜黄色绢制成，衣领和袖口采用白色绢。袖子为单层，左袖残破严重，右袖保存相对完整。前片衣身与左右袖子相接处，由肩至腰部均有一宽约5厘米的绯色绢条。近领襟部分的左右各拼缝有一条宽约3.3~3.5厘米的褐色绢条，领襟内侧还各缝长约27 厘米的系带一根。身后片在中缝处分成两片，以宽约为5厘米的绯色绢条连接。[1] 刺绣手套（03LM1：6，图2–12）为直筒露指式，长18.8厘米，宽11.4厘米。单层，由白色绢缝制成。主体部分用深蓝色、浅蓝色、绛红色和白色的丝线锁绣出卷草纹。同年，若羌县文管所在位于L.E.壁画墓西北约3公里处的雅丹高地上又发现了一些墓葬，发掘出了毡帽、斗篷、腰衣等毛织物和三件丝织物。这三件丝织物为汉晋时期的遗物，分别是“右”字锦、红色绢和缝在白色绢上的蓝白色格纹绢。[2]

[1] 伊第利斯·阿不都热苏勒、李文瑛：《楼兰 LE 附近被盗墓及其染织服饰的调查》，收入赵丰主编《大漠联珠》，上海：东华大学出版社 2007 年版，第 59–73 页。
[2] 同上，第 65、66 页。

图 2-11 长袖短衣

图 2-12　刺绣手套

2006年12月，新疆文物考古研究所和东华大学联合进行环塔克拉玛干丝绸之路文化服饰考察，在L.E.城东北约3公里处的高台上，发现多处被破坏的墓葬，采集到丝织物残片三件：格子纹绢（06LE I C：1，图2-13）以红色、白色两色经纬线交织形成长方格；红色方纹绫（06LE I C:2）为正反四枚斜纹绫；白色方纹绮（06LE I C:3）平纹地上以四枚斜纹起花。[1]

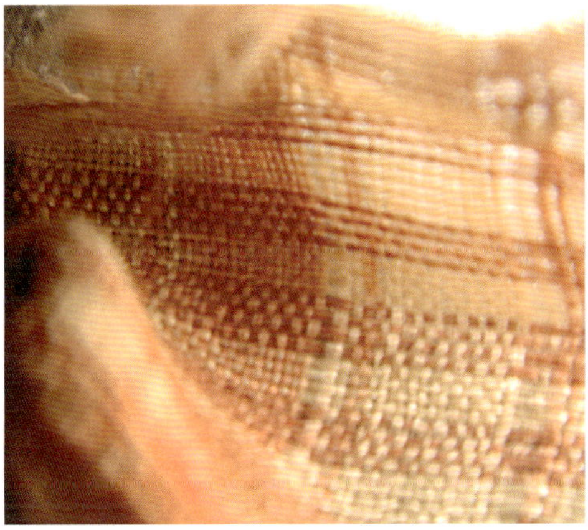

图 2-13　格子纹绢

[1] 赵丰：《丝路之绸：起源、传播与交流》，杭州：浙江大学出版社 2015 年版，第 146 页。

第二节 尼 雅

尼雅遗址位于新疆民丰县境北约100公里，地处尼雅河下游地带古三角洲，南距现尼雅河最末端的绿洲约20公里，是汉晋时期塔里木盆地南缘一处典型的内陆沙漠绿洲型聚落遗址，也是《汉书·西域传》中记载的精绝国故地。1901年斯坦因首先发现了该遗址，获取了大量的佉卢文和汉文木简、木雕，并盗掘了一些毡毯残片以及小块的棉和丝织物。[1]之后，斯坦因又分别于1906年和1913年重返尼雅进行盗掘，收获了少量的纺织品残片。1931年，当斯坦因第四次到达尼雅时，当时的政府迫于国内学术界的压力，禁止其在新疆于阗、若羌一带盗掘。

1959年10月，新疆维吾尔自治区博物馆考古队在文物普查时进入民丰县以北的塔克拉玛干沙漠，在尼雅遗址发现了一座男女合葬墓（59MNM001）。箱形木棺上面覆盖着一层毛毯，棺内尸体面部盖覆面，头枕锦枕，身上的服饰及随葬丝织品保存完好。服饰以丝织物为主，包括"万世如意"男锦袍、刺绣男裤、淡青色女上衣、"延年益寿大宜子孙"锦制作的袜、手套和鸡鸣枕（图2-14）、刺绣女内衣、刺绣女裙、刺绣镜袋、刺绣云纹粉袋（图2-15）和袜带、菱纹"阳"字锦袜（图2-16）等。此外，出土丝织物还包括一些绮（图

[1] M. Aurel Stein, *Ancient Khotan*, Oxford: Oxford at the Clarendon Press, 1907, pp. 410, pl. LXXVI.

图 2-14　鸡鸣枕

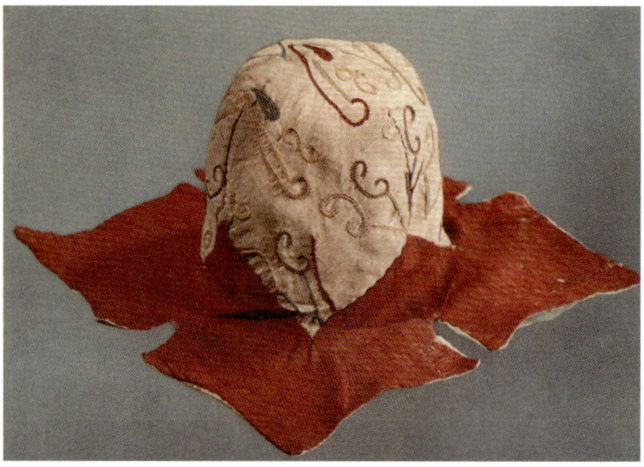

图 2-15　刺绣云纹粉袋

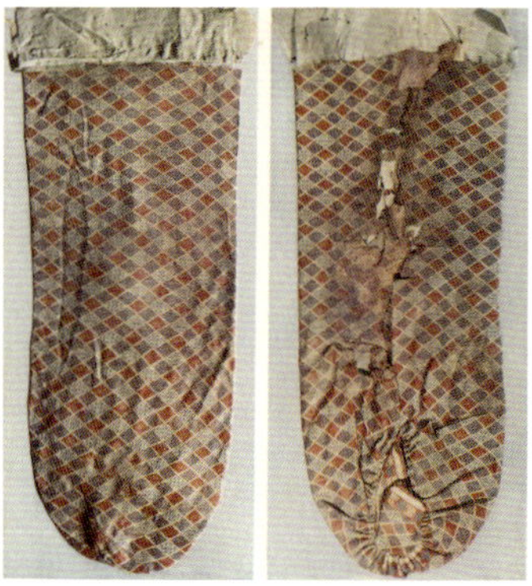

图 2-16　菱纹“阳”字锦袜

2-17）和绢残片。根据织物图案、铜镜的形制和铭文，考古人员最初将此墓葬的年代定为东汉。[1]但后来经孟凡人考证，墓葬年代又被定为公元4世纪初至公元4世纪中叶前这段时间。[2]

1988年和1990—1997年，中日尼雅遗址学术联合考察队对尼雅展开了较为全面的调查和发掘，1995年发掘的一号墓地被评为当年中国十大考古发现之一。三号墓规模最大，出土文物最为丰富，其中纺织品大多为日用品，以丝质为主。该墓为长方形竖穴沙室，矩形箱式木棺内为男女两具尸体，盖于“王侯合昏千秋万岁宜子孙”锦衾之下。男女均头枕矩形锦枕，上盖覆面。男尸所枕锦枕面料为“世毋极锦宜二亲传子孙”锦，覆面（95MN1M3:25，

图 2-17　葡萄纹绮

图 2-18“世毋极锦宜二亲传子孙”锦覆面

［1］新疆博物馆:《新疆民丰县北大沙漠中古遗址墓葬区东汉合葬墓清理简报》,《文物》1960 年第 6 期，第 9–12 页。
［2］孟凡人:《论尼雅 59MNM001 号墓的时代》,《西域研究》1992 年第 4 期，第 50–62 页。

图2-18）和手套采用与锦枕相同的面料，边饰红绢。女尸所枕锦枕面料为“王侯合昏千秋万岁宜子孙”锦，覆面采用茱萸纹锦（95MN1M3:26，图2-19），边饰红绢。男尸头戴披肩白绢风帽，身穿锦袍，内衬绮衣，下着锦裤，脚穿绣花皮靴。锦袍（95MN1M3:40，图2-20）交领、右衽、窄长袖，锦面绢里。面料为1厘米见方的格纹，黄蓝格与红绿格相间。女尸头裹丝质头巾，身穿丝绵锦袍，内衬绢上衣、绢夹衣，下着锦裤，脚穿绢袜、锦靴。袍（95MN1M3:43）也为交领、右衽、窄长袖，锦面绢里，中间夹一层薄丝绵。主体面料为人物禽兽纹锦，蓝色地上以橙色显花，图案为云气纹骨架中排列人物和虎、豹、鹿、孔雀、鸟等动物纹样（图2-21）。丝质头巾（95MN1M3:41，图2-22）用红色和蓝色的丝线以双层组织表里换层斜编而成，最后形成红蓝菱格交错的效果。此外，墓中出土的丝织品还包括锦手套、锦栉袋、锦镜袋、香囊、帛鱼等。[1]

2-19　茱萸纹锦

图2-20　方格纹锦袍

[1] 新疆文物考古研究所:《尼雅95一号墓地3号墓发掘报告》,《新疆文物》1999年第2期，第1-26页。

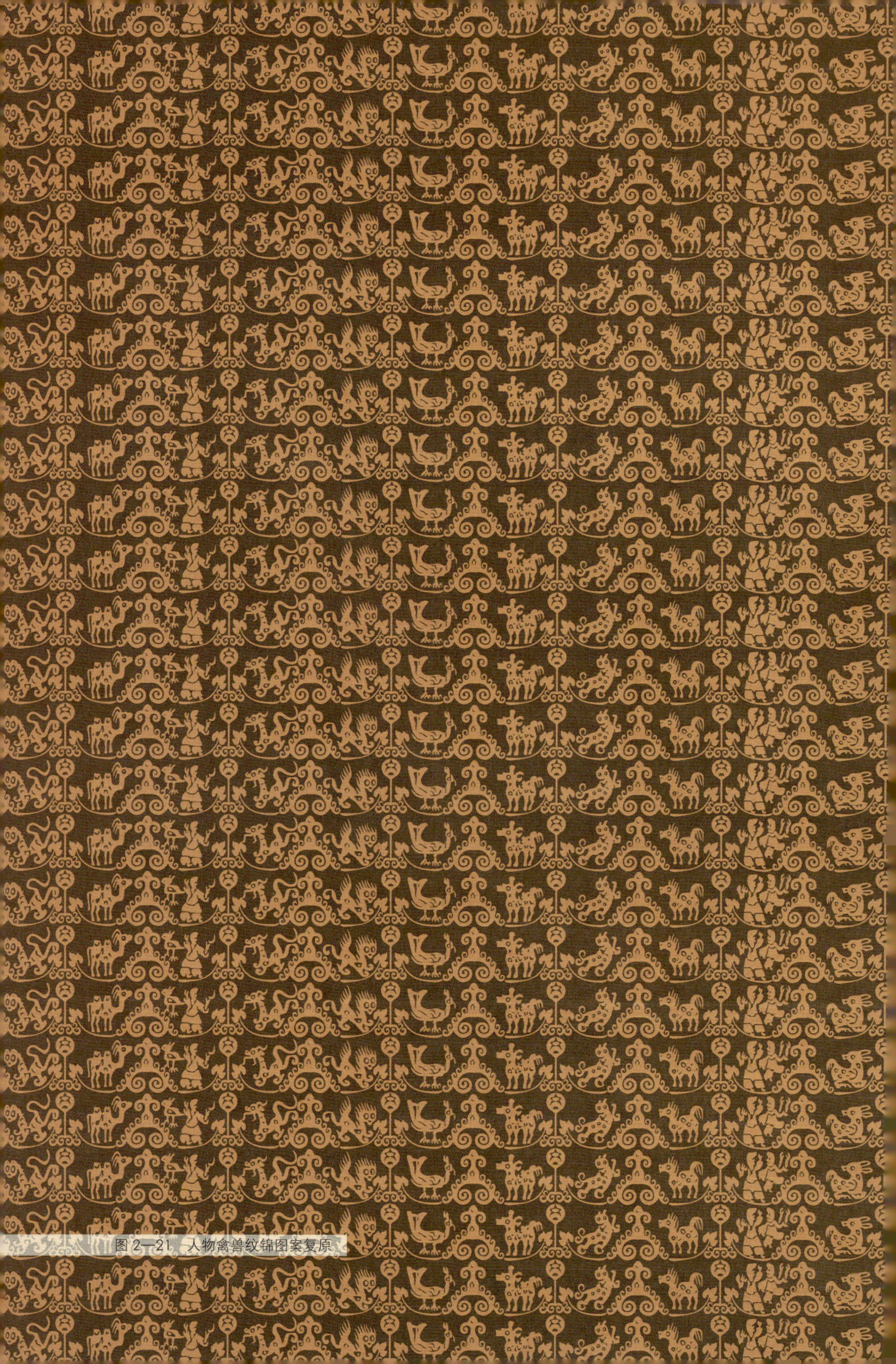

图 2—21 人物禽兽纹锦图案复原

一号墓地8号墓的东侧紧临3号墓，两墓间填充芦苇草，棺体最近距离为9厘米。矩形箱式木棺上铺彩色几何纹毛毡，内置男女两具尸体。男尸用彩色毛毯包裹，头枕“安乐如意长寿无极”锦枕（95MN1M8:29，图2-23），面部盖绢质覆面。身穿交领长袍，白色平纹毛织物为主要面料，浅蓝色绢里，边缘缝以宽约13厘米的绛地织锦，衣襟和袖口用绛地“延年益寿长葆子孙”锦（图2-24），下摆用“安乐绣文大宜子孙”锦。长袍内穿白色绢衣，袖口为深红色绢。裤子以白色棉布为主要面料，裤脚缝以宽17厘米的蓝色地“延年益寿长葆子孙”锦缘。双手戴白绢缘蓝地瑞兽云纹锦手套，脚穿钩花皮靴。女尸头枕“千秋万岁宜子孙”锦枕，面部盖绢质覆面。身穿红绢长袍，白色、粉色绢为里，衣襟黄绢缘，下摆为8.5厘米宽褶裥边饰。内穿棉布套头裙，翻领，裙前胸部缝有方形天蓝色和黄色绢饰。裙内还套有黄绢套头长裙，袖口以蓝

图 2-22　红蓝菱格头巾

图 2-23“安乐如意长寿无极”锦枕

图 2-24“延年益寿长葆子孙”锦

绢为缘。双手戴绀地织锦手套，脚穿钩花皮鞋。其他的陪葬丝织物还有绢里锦帽（95MN1M8:49，图2-25），织锦为白地云气人物纹，并织有“河生山内安”“德”和“子”等铭文；帽缘镶宽5厘米的薄皮革，后缀两条蓝色绢带。黄绢套衫，由单层黄色绢缝制，直领、窄袖、下摆开衩，领口、袖缘及下摆开衩处镶天青色绢，领部两端各缝缀两条天青色系带。其中最著名的是“五星出东方利中国”锦护臂（95MN1M8:15，图2-26），圆角长方形，白色绢缘，缝缀六条白绢系带。织锦图案总体采用山状云做骨架，沿纬向连续铺展。自右边起依次有鸟、独角兽和虎，其间织有铭文“五星出东方利中国”。同墓所出的另一残片可以确定属同一织物，上有云气纹、羽人纹、星纹和“诛南羌”三字铭文，复原后可以连读为“五星出东方利中国诛南羌”（图2-27）。此锦为五色平纹经锦，以红、黄、蓝、绿、白五色经线显花。通过对“五星”锦的图案复原，可以看到织物上有代表五星的五个圆点。五星作为天文星占学上的用语，与汉代五行思想有关。《史记·天官书》中就有“五星分天之中，积于东方，中国利……”的记载。[1]

图 2-25　云气人物纹锦帽

图 2-26“五星出东方利中国”锦护臂

[1] 赵丰、于志勇：《沙漠王子遗宝》，香港：艺纱堂 / 服饰出版 2000 年版。

图 2-27 “五星出东方利中国”锦图案复原

第三节　山普拉

山普拉墓地位于和田地区洛浦县山普拉乡西南14公里的戈壁滩上，除早年被盗掘破坏外，新疆维吾尔自治区博物馆、新疆文物考古研究所与和田地区文物管理所曾于1983—1984年、1992—1993年和1995—1996年进行了四次清理发掘，1983—1984年进行的前两次发掘都在Ⅰ号墓地，第三次和第四次分别发掘了Ⅱ号和Ⅲ号墓地。共发掘墓葬68座，出土文物千余件。根据墓地出土文物年代分析，并参考碳十四年代测定结果，初步认定已发掘墓葬的年代在公元1世纪至公元4世纪末期间。[1] 而一件书写了于阗文的绢书，更是说明了该地区至迟在公元4世纪末进入了有文字的文明时期。

山普拉墓地出土大量纺织品，材质包括棉、毛、丝和麻，其中毛织物占80%以上。丝织物品种包括绢、绮、锦等，用途包括化妆包、针线包、扇、枕等生活用具以及各类服饰。墓中共发现针线包9件，多以毛织物为面料，衬里和镶边有时采用彩色丝织物。如编号为84LSⅠM10：16的双口折叠袋，长13.5厘米，宽8.2厘米，展开呈束腰形式，中间插有铁针，袋内装本色毛线。主要面料为黑、黄两色的宽条纹平纹毛布，里面垫本色毡，用深绿

[1] 新疆博物馆、新疆文物考古研究所：《中国新疆山普拉——古代于阗文明的揭示与研究》，乌鲁木齐：新疆人民出版社2001年版，第1、2页。

色和大红色绢镶边。化妆袋14件，也多为毛织物和丝织物拼缝，使用的丝织物面料包括锦、绮和绢，通常折叠起来，展开后呈圆角长方形。锦袋（84LS I M02 : 89）长21厘米，宽10厘米，两侧各有一袋，分别盛放梳和镜。面料为绮和菱格纹锦，内衬毛布，周边镶红绢（图2-28）。其他类似的梳镜袋采用的面料还有“长孙”锦等。出土绢扇2件，椭圆木棒柄，扇面长方形，形制与毛布扇相仿。出土丝质枕19件，大多残损，面料以绢为主，此外还有绮和锦，有的施以刺绣。锦枕（84LS I M49 : 148p）通长67厘米，有点像鸡鸣枕，两翼头尖，中间截面椭圆形，但鸡头、鸡尾不明显。枕部方形面料为鸟兽纹锦，边长25厘米（图2-29）。另一件形制类似的锦枕（84LS I M49 : 35）上有两块锦面，一块为“宜吉”锦，一块为曲波纹锦（图2-30）。绣枕（84LS I M50 : 1，图2-31）长34厘米，呈U形，中间近长方，两头作筒状，黄绿色绢地上用红、白、黄、蓝等色丝线锁针绣出蔓草纹。

图2-28　菱格纹锦袋

图2-29　鸟兽纹锦

图2-30　曲波纹锦和“宜吉”锦

图2-31　蔓草纹刺绣绢枕

丝织物服饰主要包括套头衣、裤、帽、护颌罩和头带等。套头衣是汉晋时期塔里木盆地南缘居民主要的上衣类型之一，山普拉出土的套头衣多为成人服装，小孩的服装比较少，面料以毛织物为多，仅发现一件绢夹衣残片和花草纹刺绣绢衣残片（84LS I M49：75b，图2-32）。新疆地区汉晋墓葬中的死者通常以物覆面，山普拉墓葬中除了5件毛布覆面、1件棉布覆面，还发掘出19件丝质护颌罩，罩面由绢、绮、锦等缝制，有的上面绣有花纹。男性护颌罩中间开口，可以让胡须露出。护颌罩84LS I M01：210长14.2厘米、宽8厘米、开口长5厘米，绿绢缘，红绢罩面上用彩色丝线绣出蔓草纹（图2-33）。山普拉墓地的丝织物反映了汉晋时期古于阗国的服饰文明。[1]

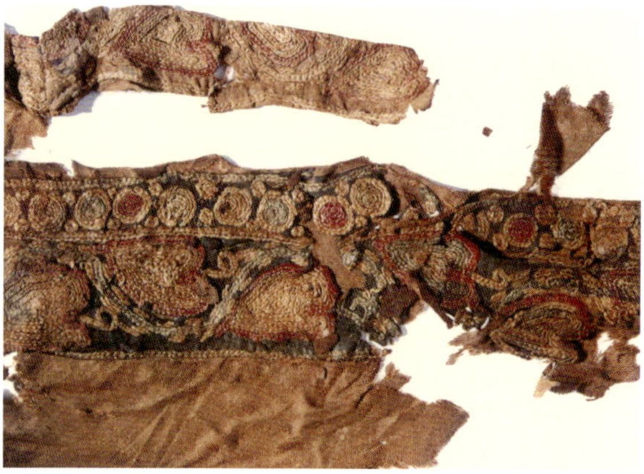

图 2-32　刺绣绢衣残片

图 2-33　刺绣护颌罩

[1] 新疆博物馆、新疆文物考古研究所：《中国新疆山普拉——古代于阗文明的揭示与研究》，乌鲁木齐：新疆人民出版社 2001 年版，第 3-47 页。

第四节　扎滚鲁克

扎滚鲁克村位于塔里木盆地南缘且末县托格拉克勒克乡西南3公里处，是戈壁上一处绿洲。绿洲及其边缘区域内分布着大小不同的五处古墓葬群，其中最大的一处称为一号墓地。1985—1998年，新疆维吾尔自治区博物馆、巴音郭楞蒙古自治州文物管理所和且末县文物管理所对一号墓地进行了四次考古发掘，发掘墓葬167座。[1]

扎滚鲁克一号墓地的主体文化分三期，第一期的墓葬年代在公元前10世纪前后；第二期墓葬年代为公元前8世纪至公元3世纪中期，是扎滚鲁克的主体文化；第三期墓葬年代为公元3世纪中期至公元6世纪晚期。[2] 墓中出土大量纺织品，从原料上可以分为丝织物、棉织物、毛织物和麻制品四类。丝织物数量最多，品种包括织锦、绢、绮、刺绣和斜编织物等。除覆面、枕、袋、扎包、扎头带等保存相对完好，其余大多是残片。

扎滚鲁克出土的织锦主要分为经锦和纬锦两大类。经锦为平纹经锦，丝线不加捻，图案包括汉字“(延)年益寿大宜子孙”、水草立鸟纹、菱格纹、对

[1] 新疆博物馆、巴州文管所、且末县文管所:《新疆且末扎滚鲁克一号墓地》，《新疆文物》1998年第4期，第1–53页；新疆博物馆、巴音郭楞蒙古自治州文物管理所、且末县文物管理所:《1998年扎滚鲁克第三期文化墓葬发掘简报》，《新疆文物》2003年第1期，第1–19页。

[2] 王博、王明芳:《扎滚鲁克纺织品珍宝》，北京：文物出版社2016年版，第70页。

图 2-34“（延）年益寿大宜子孙”锦

图 2-35　暗绿地菱格纹锦

图 2-36　蓝地对龙纹锦

龙纹、花树纹、忍冬纹和曲波纹等。“（延）年益寿大宜子孙”锦（96QZIM60:2，图2-34），原属服饰残片，较大的有5片，还有一些碎片。最大的一片长51厘米，宽40厘米，一侧保留幅边。幅边上有墨书5字，其中“王大吉”三字比较清楚。经线蓝色、红色、本色三色，纬线本色。图案为云气骨架中分布动物和七个隶书汉字：（延）年益寿大宜子孙。该锦与楼兰和尼雅发现的汉代文字锦的织造技术和艺术风格非常相似。暗绿地菱格纹锦残片（98QZIM141:2-3，图2-35）共3片，其中最大的一片长32.8厘米，宽3.4厘米。暗绿色地上显土黄色菱格图案，菱格内填有几何纹和花叶纹。蓝地对龙纹锦（98QZIM129:4-3，图2-36）经线蓝、黄两色，纬线蓝色，图案为面面相对的龙，身体相交缠绕成“8”字形，间隙处填以四瓣朵花。出土的纬锦为平纹纬锦，丝线通常加有强捻，多为制品，如枕头、扎头带和衣饰绦等；图案主要包括植物纹、狩猎纹和龙纹等。织物中有一类图案采用红地黄花，有时以白线勾边的纬锦数量最多，并常用以衣饰。如红地狩猎纹锦绦（98QZIM131:1-3）残片原通长43.2厘米，宽3.7厘米，应为一块面料裁成3段。经线白色，纬线红、黄和白三色，均Z捻；图案为红色地上以黄色和白色显花，在几何化的骨架中穿插狩猎者、动物、圆点和像汉字一样但无法识别的符号，狩猎者骑在马上，手持弓箭，回身做射击状（图2-37）。[1]

图 2-37　红地狩猎纹锦

扎滚鲁克出土的刺绣不多，但都很精美。绣地通常为绢或绮，上用锁针绣出鸟纹和植物纹等图案，色彩鲜艳。白绢地蔓草纹刺绣带（98QZIM135 : 1，图2-38）出土时系结，展开后为条状，全长66厘米，宽4~5.5厘米，现已断为三段，白色绢上用红、黄绿和本色绣线绣出蔓草纹。绿绢双头鸟纹刺绣残片（96QZIM49 : 9，图2-39）出土时折为三角形，可能是鸡鸣枕的一角，展开后呈长方形，两侧有幅边，幅宽38.5厘米，经向长32厘米。绿色绢地上以红、酱

图 2-38　蔓草纹刺绣带

图 2-39　双头鸟纹刺绣残片

[1] 王明芳：《三至六世纪扎滚鲁克织锦和刺绣》，收入赵丰主编《西北风格　汉晋织物》，香港：艺纱堂 / 服饰出版 2008 年版，第18 -39页。

图 2-40　葡萄纹刺绣残片

图 2-41　白地菱格纹编织带

图 2-42　白地蓝网格纹编织带

紫、白、蓝和宝蓝五色丝线绣出伞盖、双头鸟和花草纹等图案。白绢地葡萄纹刺绣残片（98QZIM141 : 2-2C，图2-40）长12.5厘米、宽9厘米，上用蓝色、酱色和黄棕色线绣出葡萄藤蔓、果实和花叶。[1]

扎滚鲁克一号墓地还发掘出了两根斜编带，丝线均为双股强Z捻。一根是白地菱格纹编织带（98QZIM129 : 3-10，图2-41），残长20厘米，宽4.2~4.5厘米，由蓝、白、绿、棕黄等色丝线采用3/3斜编组织编织而成；图案骨架为蓝色菱格，菱格内为四个小菱形组成的大菱形，菱格外为一个小菱形。另一根白地蓝网格纹编织带（98QZIM129 : 3-11，图2-42），残长9厘米、宽3~3.5厘米，由蓝、白两色丝线采用3/3斜编组织编织而成；白色地上由蓝色和蓝白混色间色的线条形成网格纹。[2]

扎滚鲁克二号墓地的面积比较小，1996年发掘了编号96QZⅡM1和96QZⅡM2的两座墓葬，墓葬形制相同，属于单墓道长方形竖穴棚架墓。从墓葬形制及随葬器物的比较，墓葬的年代为西汉时期（前206—公元8年）。两座墓葬都曾被盗，在墓室及填土中出土了一些织物，有毛织物、丝织物、棉织物和麻制品等。麻制品仅发现麻捻绳一种，发现的丝织物仅见红绢带和白绢片等。[3]

[1] 王博、王明芳：《扎滚鲁克纺织品珍宝》，北京：文物出版社 2016 年版，图录第 74、76 页。
[2] 同上，图录第 61、62 页。
[3] 新疆博物馆考古部、巴音郭楞蒙古自治州文物管理所、且末县文物管理所：《且末扎滚鲁克二号墓地发掘简报》，《新疆文物》2002 年第 1、2 期，第 1-21 页。

第五节 营 盘

营盘，也称因半，位于新疆尉犁县东南约150公里处，塔里木河下游大三角洲西北缘，东距楼兰故城约200公里，是汉晋时期由楼兰向西沿孔雀河岸至西域腹地的交通枢纽。19世纪末20世纪初，俄国人科兹洛夫、瑞典人斯文·赫定和贝格曼、英国人斯坦因曾先后到过营盘遗址，盗掘过一些文物，但丝织品很少。

1989年、1995年和1999年，新疆文物考古工作者先后三次对营盘墓地进行了抢救性清理发掘，共发掘墓葬约120余座，清理被盗墓百余座。营盘墓葬出土了大量纺织品，以丝、毛为主。丝织品几乎包括了汉晋时期丝织品的所有品种，有绢、纱、绮、绫、锦、染缬和刺绣等。[1]

1989年10月初，新疆自治区文物普查队员调查、清理了营盘一处被盗墓地，将10座（实为9座）被盗墓依次编号。采集到文物68件，其中生活用品25件，生产工具10件，服装、鞋、袜及残片33件。纺织品的材料主要为毛、丝、棉和麻，其中毛制品数量最多。丝织品的品种包括绢、绮和锦，大部分为残片，较完整的只有3件浅黄色绢袋、2件彩色绢香包以及2件锦。其中一件香包（89BYYM1∶2，图2-43）长12厘米，最宽处约12厘米。分内外两层，里料

[1] 李文瑛：《营盘出土丝织品初探》，《吐鲁番学研究》2000年第2期，第26-38页。

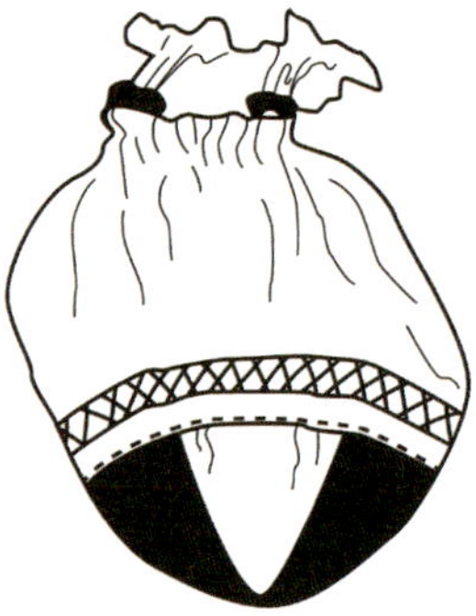

图 2-43　香包线描图

图 2-44　“登高”锦

图 2-45　香囊

为深驼色平纹毛织物，面料为各色绢。底部圆形，由大小相同的土黄和湖蓝色绢各两块间色拼缝而成。口部收紧。包主体部分以红色绢缝制，下方装饰一条淡绿色绢，用丝线以齿形针脚固定。香包中部鼓起，包口破损，残留湖蓝色和土黄色绢，穿1根黄色绢带并系紧。另一件香包（89BYYM7∶11）形制与前一件相似，表面叠缝彩色三角形绢片，上面还用金粉绘制小三角形作为装饰。龙纹锦绦（89BYYM10∶15）为狭长的锦带，断为两截，各长25厘米，宽2.7厘米。平纹经重组织，经线分区换色。图案骨架为3列长方格，格内置一走龙。另一件锦（89BYYM8∶5）为衣边饰，长约50厘米，宽约8.4厘米，经纬线加S捻，以平纹纬二重组织织造。[1]

1995年11月至12月，新疆文物考古研究所对营盘墓地进行了抢救性发掘和清理，发掘墓葬32座，清理被盗墓120座，出土、采集文物近400件。此次发掘的较完整的服饰近30件，包括袍、裤、襦、袄、冥衣、丝履、皮靴以及香囊、帛鱼等。丝织品种包括绢、绮、绫、锦、绦、绣和染缬等，其中绢最为普遍。发现的绮除了典型的平纹地上以3/1隔经显花的汉式绮，还有三枚、六枚和经浮长显花的组织，图案包括菱纹、几何纹和对禽对兽纹等。绫仅1件，为香囊（95BYYM19∶10）面料，方格纹，3/1S斜纹和1/3Z斜纹互为花地。锦约10件左右，分三类：第一类是传统的经锦，图案有汉晋时期流行的云气动物纹锦，如“登高”锦（95BYYM20∶4，图2-44）、“寿”字锦等；第二类是狭长绦带，多作衣物装饰，采用平纹经二重组织，但丝线一般加有S捻；第三类是平纹纬锦，经线Z捻，两色或三色，同类织物在吐鲁番五世纪墓中也有出土。发现的绦有两类：一类与1989年10号墓发掘的平纹经重组织绦带相似；另一类则是双层斜编绦带。斜编绦带出土自22号墓，装饰于一件香囊上（95BYYM22∶15，图2-45），其结构与尼雅遗址发现的丝质头巾相同。绦带宽约2厘米，由两组经线左右交织编出

[1] 新疆文物考古研究所：《新疆尉犁县因半古墓调查》，《文物》1994年第10期，第19–31页。

图案，共有红色、绿色、深黄色、浅黄色四色。图案分三行，每行两色，矩形格的骨架中置动物纹样。同墓还出土了一双绞编履（95BYYM22 : 17，图2-46），鞋面以浅褐色麻线为经，红、黄丝线为纬，相互绞转编出几何纹、对兽纹和汉字“宜”“孙”等。丝织品中还有少量的刺绣和绞缬：刺绣以锁绣为主，图案为蔓草纹；绞缬图案为空心小菱形，呈散点排列（95BYYMC : 25，图2-47），类似的织物在吐鲁番十六国时期的墓葬中多有发现。印金织物主要出自14号和15号墓，以14号墓为最多。14号墓主人的长袍虽已残成数片，但其领、襟、袖、下摆、后背等处普遍贴印着各种光彩夺目的呈圆形、三角形、方形的金饰，还有一种带有果实形状的图案，是先用色绢按设计好的花纹剪出花瓣、花蕊、果实，经拼对成形后缝在坯料上，然后再在花样上贴金，印出更为细密繁缛的小花纹。[1] 此外，23号墓还出土了两件兽面龙纹锦（95BYYM23 : 3，图2-48），平纹经重组织，以蓝色经线为地，黄和浅蓝两色经线显花。图案骨架由粗犷的涡状卷云构成，骨架间填带有双足的兽面纹和对称的龙纹，经向循环约为8.3厘米。类似的图案也见于尼雅遗址和蒙古诺因乌拉墓地。在

图 2-46　绞编丝履

图 2-47　红地绞缬绢

图 2-48　兽面龙纹锦

[1] 李文瑛、周金玲：《营盘墓地的考古发现与研究》，《新疆文物》1998 年第 1 期，第 69－82 页。

图 2-49　营盘 15 号墓男尸

其中较大一片的兽面头部后两侧，织有规则排列的字母，呈对称状分布。较小的一片上隐约可见织出的“王”“羊”（或“羌”）等汉字和对称织出的胡语字母字符3~4个。据专家研究，这些字母应是曾流行于当地的佉卢文字。[1] 新疆尼雅和山普拉等地出土的丝绸上曾有佉卢文墨书被发现，但将汉文和佉卢文一并织出的，仅此一件。

此次发掘的墓葬以15号墓彩棺墓保存状况最好，棺上覆盖彩色狮纹毛毯，棺内葬一成年男子，头枕鸡鸣枕，面罩麻质贴金面具，身盖淡黄色绢衾（图2-49）。服装保存完好，材质主要为毛和丝。男尸身穿红地人兽树文罽袍，淡黄色绢内袍，刺绣长裤，脚穿绢面贴金毡袜。腰系绢带，其上垂挂香囊、帛鱼。左臂上系长方形刺绣护膊，头右侧置长方形锦片，胸及左腕处各置一件冥衣（95BYYM15：7-8，图2-50）。[2] 毛服饰中以红地人兽树文罽袍最引人注目，面料为双层毛织物，以红黄两色互为花地，树下对兽和裸体人物的图案带有浓厚的希腊罗马艺术风格。丝质服饰则主要包括内袍、裤、袜、香囊、帛鱼和冥衣。淡黄色绢内袍（95BYYM15：12）单层，袖口和下摆边缘衬绛紫色绢。衣长约120厘米，通袖长约227厘米，套头式，圆立领，下摆两侧开衩。左肩侧开衩至领口，缝有用于系结的绢带。领口镶一周方格几何纹锦缘，锦缘两侧各贴一排圆形金箔。胸前贴缝一块长方形绢，上面贴绣两列贴金的弓形绢饰。刺绣长裤（95BYYM15：4，图2-51），合

图 2-50　冥衣（左）和（右）

[1] 于志勇：《楼兰——尼雅地区出土汉晋文字织锦初探》，《中国历史文物》2003 年第 6 期，第 44 页。
[2] 新疆文物考古研究所：《尉犁县营盘 15 号墓发掘简报》，《新疆文物》1998 年第 2 期，第 1-11 页。

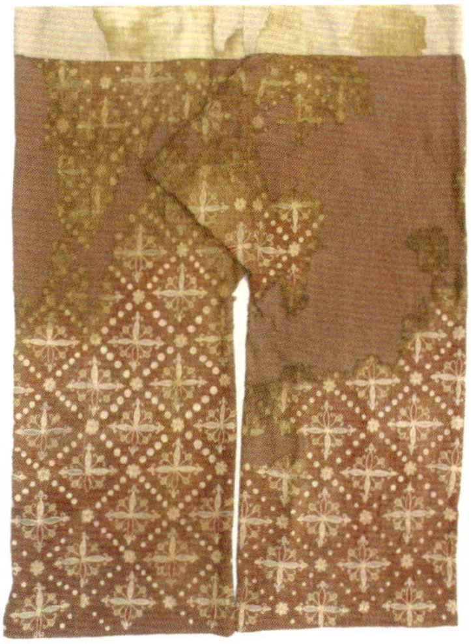

图 2-51　刺绣长裤及局部

图 2-52　帛鱼

图 2-53　刺绣护臂

裆，面料为绛紫色平纹丝织物，经纬线均加捻，上面用锁绣绣出菱格花卉纹。绢面毡袜（95BYYM15:10）以浅黄色绢作面，毡作底，袜面袜底正中缝弓形绢片，其上贴金箔。香囊（95BYYM15:13）以红色、黄色、绿色、紫色和棕色等色绢、几何纹绮和与内袍上相同的锦绦缝制而成，上有贴金。帛鱼（95BYYM15:11，图2-52）通长16.1厘米，用两片红色绢面、棕色绢里的桃形夹层丝织物缝合而成，象征鱼身；两头各缝一扇形黄绢及两条细长绢带，象征鱼头、须和尾。刺绣护臂（95BYYM15:9，图2-53）与尼雅出头的"五星出东方利中国"锦护臂形制相同，长14厘米，宽8厘米。蓝色绢地上用土黄色、姜黄色、棕色、深绿色等色丝线锁绣出蔓草纹样，四周以淡黄色绢镶边。鸡鸣枕（95BYYM15:5，图2-54）长46厘米，高8厘米，两端收小并下垂，各饰一片红色柿蒂形绢，下缀一枚珍珠。枕面两侧缝有绢带，系在死者前额。枕面料为淡黄色汉式组织绮，其上锁绣蔓草纹。绮图案为菱形框架内依次排列兽面、对兽、对鸟、对兽、菱格几何纹等（图2-55）。同类图案的丝织物在长沙马王堆、新疆楼兰和叙利亚帕尔米拉等地都有出土。男尸头部右侧的锦为平纹经锦（95BYYM15:14），图案为汉晋时期流行的云气动物纹，在山状云气纹骨架间穿插禽兽纹及汉字"寿"和"右"。[1]

[1] 李文瑛:《营盘95BYM15号墓出土织物与服饰》，收入赵丰主编《西北风格　汉晋织物》，香港：艺纱堂/服饰出版2008年版，第56-75页。

图 2-54　刺绣鸡鸣枕

1999年，新疆文物考古研究所对营盘墓地进行了全面的抢救性发掘，发掘墓葬80余座，出土文物数百件，一些墓葬保存状况较好，出土服饰较完整。7号墓为三人合葬墓，尸体分两层叠放。下层两人，为一成年男性和一成年女性的尸体，男尸头枕绢枕，面盖绢覆面，上身穿浅棕色毛布袍，下身穿棉布裤。女尸身盖两层绢衾，头枕绢鸡鸣枕，额部系条绢带。上身内穿一件绛色绢缘绢长袍，外罩一件尖下摆绢夹襦，下穿本色绢裙，足蹬一双绞编履。绢夹襦圆领、阔长袖，以淡黄色绢为面，浅黄色纱为衬。衣襟缘缝红色绢，上贴浅黄色绢条，绢条上贴金。襟下接上宽下尖的三角形下摆，也缝红色绢缘，上镶茱萸纹锦条。上层居中放一中年女性，头枕绢枕，面盖方形毛绣覆面，鼻孔内有绢质鼻塞。上身穿棕色毛布长袍，下身服饰已朽。足蹬红色毛布面鞋，鞋面用绢带绑扎。8号墓也为合葬墓，葬一成年男性和一成年女性。男性头部包一层丝绵和一层布，鼻孔内有鼻塞。头枕绢枕，面盖覆面。一根绢勒口带从下颌系上头顶，额部束红绢带，带上缝缀数枚圆形薄铜片。上身穿右衽锦缘棉布长袍，腰间束白布带，下身穿棉布阔腿长裤。女性头枕绢枕，头部包一层丝绵和一层绢，鼻孔内亦有鼻塞。下颌束勒口带，额部系本色和红色绢拼缝的绢带，红绢上贴金。上身穿尖下摆绢夹襦（99BYYM8 : 16，图2-56），下身穿本色棉布阔腿长裤。12号墓为四足箱式彩棺墓，内葬三人，仅一成年男性保存较好。头枕绢枕，额部系锦面绢里丝带，带上缝缀13枚压印有同心圆弦纹的圆形金箔片。上身穿本色绢长袍，下身穿棉布裤。13号墓为双人墓葬，上下叠放一成年男性和一成年女性尸体。女尸

图 2-55　鸡鸣枕面料图案复原

图 2-56　绢夹襦

图 2-57　冥衣裤

头裹一层毛毡，枕鸡鸣枕，面盖覆面。额部系红绢带，下颌束勒口带，鼻孔内有绢质鼻塞。上身穿大红绢面尖下摆夹襦，衣长及腰；下身内穿衬裤，外套白色百褶棉布长裙。男尸俯压在女尸上，头裹一层素棉布，下颌束勒口带，额部系红绢带，面盖绢覆面。上身穿锦缘棉布长袍，下身穿本色毛布裤。死者头侧放置一套冥衣裤（99BYYM13:6，图2-57），面料为黄色平纹纱。上衣的领和下摆用蓝黑、豆绿色绢作缘，腰间系红色绢带。裤为直筒长裤，以细毛绳束腰。59号墓为一成年女性的单人墓葬，头枕绢枕，面盖覆面，额系带，下颌束勒口带。上身穿一及膝本色绢长袍，胸部缝一块方形绢，腰间系一条红绢带。[1]

营盘墓地位于丝绸之路要冲，是迄今为止罗布泊地区发掘的面积最大、资料最为丰富的一处墓葬。营盘出土的纺织品无论从技术上还是从图案上来看，均反映出东西方文化交流的影响，特别具有研究价值。

[1] 新疆文物考古研究所:《新疆尉犁县营盘墓地 1999 年的发掘》,《新疆文物》2001 年第 3、4 期，第 23-46 页。

第三章

魏唐时期丝绸

随着丝绸之路文化艺术的交流，西方的织物图案开始影响中原的丝绸设计，大量出土于丝绸之路沿途的公元5—9世纪的丝织品都反映了这种西方纺织文化对设计的影响，丝绸上开始出现模仿西方风格的图案题材，包括各种珍禽异兽，如狮、骆驼、大象、翼马、孔雀等。各种人物也出现在丝织品上，如狩猎骑士、牵驼胡商、对饮番人以及异域神祇。图案的构图也和汉魏织锦中典型的云气动物纹样有较大区别，多采用骨架式的构图，如菱形或方形的规矩骨架、环环相套的套环骨架、六边形的龟甲骨架、以联珠团窠为主体的联珠纹骨架、簇四骨架和簇二骨架，呈弧形的对波骨架和交波骨架等。骨架之中，往往置以对称的动物纹样，这些纹样的站立方向经常与纬线方向相一致，与汉代云气动物纹锦刚好相反。

隋唐时期丝绸图案的另一条源流以从传统纺织图案中游离出来的柿蒂纹作为基本原型，吸取了各种植物纹样进行变化，并由此分出两条支流：一条由瓣式宝花发展成为蕾式宝花，花型越来越大，色彩层次越来越丰富，更是出现了中西合璧的陵阳公样；另一条则向折枝、缠枝方向发展，与花、鸟结合，构成了写生花鸟的主要形式。

大约从北朝时期开始，粟特地区织锦开始兴起。这是一类斜纹纬锦，图案以大窠的联珠纹为特点，窠内纹样有翼马、猪头、大鹿、含绶鸟等。其基本技术特点是采用三枚斜纹纬重组织，其经线总是加有强Z捻，通常由2~3根并列而成，一般有本色和深红两种色彩；纬线非常平直，色彩丰富，不同色彩的纬线相互覆盖非常完整；图案只在纬向循环而不在经向循环，图案的勾边通常以二纬二经为单位，此类织锦应产自中亚地区。

第一节 阿斯塔那–哈拉和卓

吐鲁番位于新疆东部，是天山南麓的一个盆地。这里曾发现多处新石器时代的遗址，汉代属姑师国的领地，是丝绸之路上重要的交通枢纽。公元5世纪下半叶，来自河陇的汉族移民在吐鲁番盆地建立了高昌国，直至640年为唐所灭，进入吐鲁番历史上的西州时期。阿斯塔那古墓群位于吐鲁番市东南40公里处的戈壁上，包括阿斯塔那（三堡）及其与其连接在一起的哈拉和卓（二堡），这里是西晋至唐代高昌居民的公共墓地。墓葬年代可分为三期：第一期为晋至十六国时期（公元3—5世纪末），第二期为麹氏高昌时期（公元6—7世纪中），第三期为唐西州时期（公元7世纪中—8世纪）。大部分墓葬属于后两个时期，即公元6—8世纪。

自1902年开始，日本西本愿寺22代宗主大谷光瑞派遣的中亚"探险队"先后三次来到吐鲁番一带进行调查，对阿斯塔那古墓群进行了盗掘，带走了十几具古尸、一批绢画和一些纺织品残片。联珠对马纹锦呈长方形，采用平纹经二重组织，保留较完整的一个联珠环内立着两匹面面相对的翼马，脚踏一花台，之间为一株花树。织物下方的联珠环不完整，残存部分为两匹马的足部，推测可能是一对低首饮水的翼马（图3-1）。另一块织物残片由两块经锦缝合而成，较大的一块斜纹经锦上面的图案虽然不完整，但其构图与配色与1973年在阿斯塔那206号墓中发现的一块联珠对羊纹锦

图 3-1　联珠对马纹

图 3-2　蓝地新月纹锦

图 3-3　小花晕繝纹锦

图 3-4　晕繝纹绫

（73TAM206:48/2）非常相似，从形制上看，两者应都是随葬俑的半臂。蓝地新月纹锦（图3-2）为斜纹纬锦，蓝色地上以黄色显花。图案为两两错排的新月图案，弯弯的弦月内有一库菲体阿拉伯文，两排不同，一正一反。其中之一意为独一，另一个意为胜利、征服，均为安拉的美名或称号。[1] 其他的丝织物还有小花晕繝纹经锦（图3-3）、晕繝纹绫（图3-4）和红地绞缬绢等。[2]

1915年1月斯坦因来到阿斯塔那，对十块墓地进行了盗掘。这批墓葬的年代基本为公元4—8世纪，虽然墓葬大都曾经被盗扰，但斯坦因仍然发现了大批服饰碎片和绢画残片。他对发掘品逐一进行编号和整理，其中丝织品编号100余个。发现的丝织物品种丰富，包括绢、绮、锦、刺绣和印染等。虽然墓中尸体上的服

[1] 赵丰:《中国丝绸通史》，苏州：苏州大学出版社 2005 年版，第 247 页。

[2]《中国古代：漢——唐の染織》，《染織の美》1984 年第 30 期，图版 1、14、23、24、33、56。

饰破损严重，但是盖在头部的覆面却相对保存完好。这些覆面通常用彩色织锦裁成圆形或者椭圆形，周边缝以绢做的褶边。斯坦因在第一块墓地5号墓中发现了三具尸体，其中一男一女两具尸体服饰大都已破损。男性的带衬里的丝质上衣仅存一些残片，但两人的覆面保存完好。男尸的覆面中央是一块斜纹纬锦（Ast.i.5.03，图3–5），图案为具有明显波斯萨珊风格的联珠猪头纹。猪头形象逼真，口张开，露出两个弯曲的獠牙和下齿。眼睛外套双线圆圈，面部用带有锯齿边的几何纹区分出额头、鼻翼、下颌和面颊等区域，颈部布满条纹状鬃毛。联珠环5个联珠一组，4组围成一圈，每组间由小联珠朵花纹连接。斯坦因在其他两个埋葬年代分别为632年和689年的墓葬里也发现了两块风格相似的猪头纹锦覆面（Ast.i.01和Ast.ix.2.017），只是猪头图案略小一些。同一尸体上还收集到一些有图案的丝织物残片，其中一组是淡绿色暗花丝织物衬里残片（Ast.i.5.a.01.c），褪色严重，最大的一块长约20厘米，宽约8厘米。织物中部的图案是一排连拱形，由三层涡状卷云和两根曲线构成，下方站立一人物。连拱的上方为对兽纹，每组背对站立，中间用菱格构成的立柱隔开。人物下方是尖角朝下的锯齿纹，由勾连纹组成，锯齿之间也有立柱隔开，立柱之间的图案不明。女尸覆面中间也是一块织锦，破损严重，但尚能辨认出联珠环以及环内的树和对鸟。第六块墓地2号墓中葬一男性，尸体外包裹破烂服装，上面覆盖米色和蓝色丝绸。在破损的丝织物中有一块蓝地白点蜡缬绢（Ast.vi.2.04，图3–6），图案是在白色小圆点组成的菱格骨架中置一由8个小圆点组成的朵花。蜡缬绢上还缝有两块绵线纬锦，图案是龙和带翼的狮子。第六块墓地3号墓中出土了相同的蜡缬织物（Ast.vi.3.07，图3–7），缝在两块花卉纹锁绣织物上，其中一块刺绣为长方形，长约12厘米，宽约6厘米。绣地白色，边框由狭长的彩色菱格组成，中间是花卉纹。同一块墓地中还出土了七块三角形刺绣残片（Ast.vi.01，图

图 3–5　联珠猪头纹锦

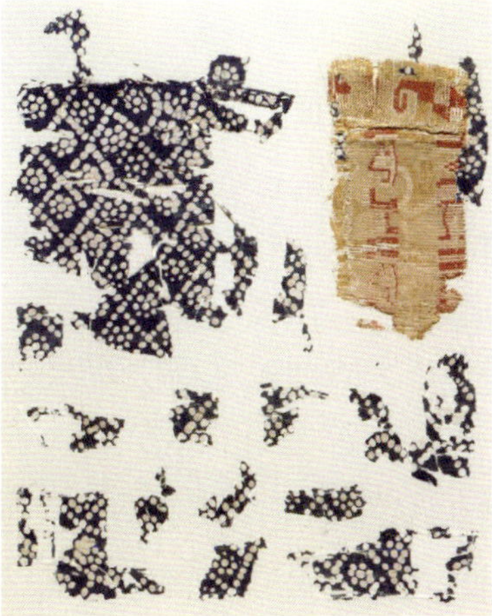

图 3–6　蓝地白点蜡缬绢和兽纹锦

图 3-7　蓝地白点蜡缬绢和刺绣

3-8)，绣地是深红色菱格纹绮，背衬本色绢。绣线为蓝色、白色、浅棕黄色和深棕色，以锁针绣出圆形和卷曲的藤蔓。三角形刺绣的两边用浅蓝色绞缬绢包边，个别边饰从尖角延伸上去，形成垂带。第十块墓地1号墓中出土了一块花卉纹夹缬绢（Ast.x.1.04，图3-9），图案为宽约7厘米的蓝色、黄色相间的条纹，蓝色条纹上显黄色花，黄色条纹上显蓝色花。条纹上面间隔排一棵花树和两朵小花，蓝色条纹上的花树下面隐约可见两只面面相对的鸭子。此外，斯坦因还发现了一些丝质的鞋子，其中一只织成履，鞋底长约24厘米、宽约9厘米，高约4厘米。鞋两侧和后面织有三条带状图案，分隔成小长方形骨架，每个长方形内站立一只展翅的鹅。上下两条图案的色彩是蓝色和米色，中间的是红色和米色，相邻的长方块的配色交替更换。鞋头部分装饰一些红色、米色、蓝色的条纹以及一些小的汉字。[1]

新疆文物考古工作者对阿斯塔那古墓群的清理发掘始于1959年，直至1975年共进行了13次较大规模的抢救性发掘，之后又做了数次小规模的清理。共清理墓葬400多座。1959年新疆维吾尔自治区博物馆文物工作组在阿斯塔那做了一次为时半个月的发掘工作，从编号为TAM301-306的六座墓葬中获取了一批北朝至初唐时期的纺织品和服饰。虽然墓葬曾被盗扰，墓中还是发现了一些服饰和纺织品碎片。[2]302号墓中葬3具尸体，身上的服装基本都是丝织品，但破损严重。该墓出土了永徽四年（653）的墓志。其中一具女

图 3-8　三角形刺绣残片

图 3-9　花卉纹夹缬绢

[1] Aurel Stein, *Innermost Asia* (Vol II), Oxford: Oxford at the Clarendon Press, 1928, pp. 642–718.
[2] 新疆博物馆：《新疆吐鲁番阿斯塔那北区墓葬发掘简报》，《文物》1960年第6期，第13–21页。

尸裹麻布，外以素绢连头包裹。头部盖覆面，中间的彩色织物为联珠对马纹锦（59TAM302：4）。上身穿直领对襟齐膝外套，下系裙，面料均为茄紫色绢，胸口部分也缝一块联珠对马纹锦（59TAM302：22，图3-10）。两块锦应源自同一块面料，均为平纹经锦，橙红色地上以蓝色、绿色和浅米色显花。联珠环由16个相同大小的圆圈组成，4个一组，中间以8瓣朵花连接，形成簇四的骨架排列。联珠环内为两种对马，一排为两只相对的翼马，抬首迈步，颈部和四条腿上系飘带，马下为一花台；另一排为一对俯首饮水的翼马，相向立于一棵枝叶繁茂的树两侧，下方为汩汩泉水。该锦的图案具有明显的波斯萨珊风格，但采用的却是典型的中原织造技术。同墓还出土了两块小团花纹锦，橘红色地上以蓝色、绿色和白色显花，团花外圈由24个白色圆点组成，圈内为一朵花，花瓣两层，内层12瓣，外层20瓣。303号墓出土和平元

图3-10　联珠对马纹锦

年（551）的墓志，同墓出土了两件树叶纹平纹锦，采用平纹经二重组织，一组经线为红色，另一组使用蓝色、绿色、白色、黄色四色进行交替织造，形成红地上蓝色、绿色、白色、黄色的树叶排列。叶片近似心形，一字排开，两排树叶错位排列。树叶中央和叶片之间有菱形装饰，叶柄上装饰绶带（图3-11）。此次发掘还出土了鸟兽树木纹锦、双兽对鸟纹锦、菱纹锦和规矩纹锦等其他四种织锦。同时还出土了一批暗花织物，但大多残损，图案不清，保持较好的是出自303号墓的紫红色对兽对鸟纹绮。此外，304号墓还出土了匣紫、绛紫两色叠胜纹绞缬绢裙，用若干宽约8厘米的长绢条染色后拼缝而成。织物保留叠痕和针眼，是绞缬工艺缝绞加工的特征。[1]

图 3-11　树叶纹锦

1960年4—10月，新疆维吾尔自治区博物馆考古队在前一年发掘的基础上对阿斯塔那古墓群进行了第二次发掘，清理墓葬30座，编号为TAM307-336。绝大多数墓葬出土了带有纪年的墓志和文书，最早者为章和十八年（548），最晚者为唐咸亨五年（674）。其中有21座墓葬属于麴氏高昌时期，9座墓葬属于唐西州时期。出土丝织品近140件，品种包括绢、绮、锦和刺绣等。其中绢最多，颜色有红色、黄色、蓝色、绿色、紫色、棕色和白色等，多用于服装和包裹尸体。绮26件，花部以四枚斜纹为主，少量六枚斜纹。图案包括菱格、龟背、联珠套环和花鸟纹等，其中龟背和联珠套环是北朝至隋在丝织物上出现的新型图案骨架。白色龟背纹绮（60TAM313 : 1）平纹地上以3/1斜纹显花，图案以六边形龟背纹为骨架，内填禽鸟纹。黄色联珠套环纹绮（60TAM326 : 07/4）平纹地上以3/1斜纹显花，图案以联珠环套叠形成骨架，内填小团花卷叶纹。出土锦共45件，包括平纹经锦、斜纹经锦、平纹纬锦和斜纹纬锦。锦的图案最为丰富，有瑞兽、几何瑞花、条带、棋局、龟背、鸾鸟、鸳鸯、鸟兽栏杆、树、狮、忍冬菱格、鹿、猪头、骑士、团花纹等。其中的忍冬菱纹锦（60TAM307 : 8，图3-12）采用平纹经二重组织，经线为绛色和浅米色。图案是在菱格骨架内置一朵四瓣朵花，菱

[1] 王㐨：《王㐨与纺织考古》，香港：艺纱堂 / 服饰出版 2001 年版，第 82、83 页。

格的四角为一小圆圈，圈内一同心小圆点。正面图案是绛色地显浅米色花，背面则是浅米色地绛色花。此次发掘一共出土了两块图案相同的大鹿纹锦（60TAM322 : 30、60TAM332 : 5，图3-13），采用1/2斜纹纬二重组织。主题纹样是一只昂首迈步的大角鹿，一条由三角形和箭头组成的飘带水平飘在鹿脖子后方。鹿外面套一联珠环，环上的20个圆点分上下两组，中间用两朵14个小圆点和一个花芯组成的团花间隔。联珠环外的辅花为几何化的树纹。出土的猪头纹斜纹纬锦（60TAM325 : 23/3，图3-14）图案风格与斯坦因之前在阿斯塔那盗掘的猪头纹锦风格相似，5个联珠一组，4组围成一圈，每组间由小联珠朵花和回字正方形连接。圈内的猪头口微张，露獠牙，颈部立

图 3-12　忍冬菱纹锦

图 3-13　大鹿纹锦

图 3-14　猪头纹锦

以直线表达的鬃毛。猪头形象不仅出现在纺织品上，也出现在一些石雕和壁画中，它一般被认为是受波斯萨珊影响的图案，是琐罗亚士德教中的伟力特拉格那神的化身。[1] 322号墓葬中出土了一件刺绣荷包（60TAM322：31），长16厘米、宽13厘米，大红色的缣地上用黄色、蓝色、浅绿色等色丝线以锁绣针法绣出大小如意纹。边饰和系带编结而成，两下角饰缨络。[2]

1960年11月，新疆维吾尔自治区博物馆考古队在阿斯塔那古墓群西北区进行了第三次发掘，清理墓葬4座，编号为TAM337–340。其中第339号墓属于麴氏高昌时期，墓中出土了丝织品3件。一件为黄色缣残片（60TAM339：54），经线单根排列，纬线双根排列，均无捻，以平纹组织织成。另外两件为“吉”字纹锦（60TAM339：55/1–2），平纹纬重组织，黄色地上显暗红色瑞花，间以倒正的“吉”字相隔。墓337、338和340号属于唐西州时期，出土丝织物27件。其中绢15件，色彩丰富，有黄色、白色、紫色和棕色等；绮5件，平纹地上以四枚或六枚斜纹显花，图案有联珠环、联珠花树孔雀、菱格、花草和回纹等；锦6件，图案包括鸳鸯（60TAM337：13/2，图3–15）、骑士和联珠鹿纹等；刺绣1件，为大红色锁绣荷包，破损严重。[3]

图 3–15　鸳鸯纹锦

1963—1965年，新疆维吾尔自治区博物馆对斯塔那阿–哈拉和卓古墓的墓葬进行了发掘，在阿斯塔那清理墓葬42座，在哈拉和卓清理墓葬14座。墓中出土了大量丝、棉、麻和毛织物，丝织物包括绢、绮、锦、刺绣和丝履等。此次发掘的两件刺绣均为锁绣，出自晋至十六国时期的墓葬。一件为红绢地卷草纹刺绣残片，另一件为裲裆残片，红绢地上用黑色、绿色和黄色等色丝线绣出蔓草和圆点组成的相间的不规则花纹，中间为金钟花。织锦多用作覆面和遮胸，或者缠于握木。“胡王”锦（64TAM18：5，图3–16）出土自延昌二十九年（589）的唐绍伯墓，长19.5厘米，宽15厘米，斜纹经重

[1] 赵丰：《魏唐织锦中的异域神祇》，《考古》1995年第2期，第179、180页。
[2] 新疆博物馆考古队：《阿斯塔那古墓群第二次发掘简报》，《新疆文物》2000年第3、4期，第1–36页。
[3] 同上，第66–77页。

组织。图案为在小联珠组成的簇四骨架中填以骆驼、牵驼人、狮子和“胡王”字样，骨架间填以十字形辅花。图案倒置对称，米黄色地上以红色、黄色、黑色和藏青色经线显花。经线分区显色，每一区域三色，使得图案呈现明显的条状区间。19号墓中出土了一件图案、配色和组织与“胡王”锦相似的经锦（64TAM19:21，图3-17），联珠骨架中的主题图案是狮子和象，这两件锦很可能源自同一件织物。31号墓出土的对鸟“吉”字纹锦（64TAM31:15）长19.5厘米、宽16厘米，同墓出土重光元年（620）衣物疏。采用斜纹经重组织，绿色地上以红色、黄色、白色和蓝色经线显花。图案为对鸟、花树和汉字“吉”。经线也是分区排列，每一区域三色。20号墓出土的宝花纹锦（64TAM20:28）长24.6厘米、宽8厘米，同墓出土神龙二年（706）文书。斜纹纬重组织，红色地上以黄色、绿色、赭色等色纬线显花。此次发掘还出土了一批印染丝织物，包括绛色地白点绞缬绢（63TAM1:30），土黄地白色朵云瑞花灰缬绢（64TAM29:11）以及宝花纹彩绘绢（64TAM20:31）等。[1]

1966—1969年，新疆维吾尔自治区博物馆先后四次对阿斯塔那-哈拉和卓古墓群进行了发掘，清理墓葬105座。墓中出土了大量的丝织品，整理出的锦、绮和染缬标本46件。[2] 99号墓出土了一件隋代的瑞兽纹锦

图3-16 “胡王”锦

图3-17　对狮对象纹锦

[1] 新疆维吾尔自治区博物馆：《吐鲁番市阿斯塔那-哈拉和卓古墓群发掘简报（1963—1965）》，《文物》1973年第10期，第7-27页。

[2] 新疆维吾尔自治区博物馆：《吐鲁番市阿斯塔那-哈拉和卓古墓群清理简报》，《文物》1971年第1期，第8-29页。

（68TAM99 : 1，图3-18），长18厘米、宽15.5厘米。织物采用平纹经重组织，经线为红色、橙色、白色、绿色和蓝色。图案为矩形骨架内填以动物纹，分区显色。织物左侧保留幅边，残留的三列矩形的地分别为橙色、绿色和橙色，矩形格内分别填以牛、狮子和象。117号墓出土的宝花纹锦（69TAM117 : 47，图3-19）为宽约3.5厘米的长条，最长一条长达103厘米。斜纹经重组织，橘红色地上以白色和深绿色等经线显花。105号墓出土的彩条纹锦（68TAM105 : 1，图3-20）的地组织是三枚经面斜纹，以绛色、橘色、黄色、白色、浅蓝色和深蓝色等色经线分区排列形成彩色条纹，上面用金黄色的纬线以纬浮长的形式起柿蒂小花。138号墓出土了一件椭圆形覆面（69TAM138 : 9，图3-21），长48厘米、宽40厘米，中央为一块长方形织锦，外圈缝一圈米黄色绢褶边。织锦为两块不同的面料拼缝而成，一块为小团花纹锦，图案与1959年302号墓出土的一

图 3-18　方格瑞兽纹锦

图 3-19　宝花纹锦

图 3-20　彩条纹锦

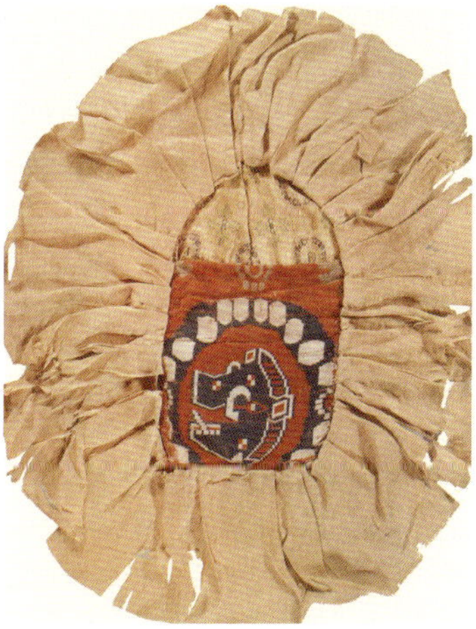

图 3-21　联珠猪头纹锦覆面

图 3-22　棕色绞缬绢

块小团花纹锦非常相似，另一块为联珠猪头纹锦[1]，大红色地上以蓝色、白色和灰绿色显花。主题纹样为一张口露獠牙的野猪头。相对于1960年发掘的猪头纹锦来说，此件锦的图案更几何化，勾边呈现明显的阶梯状。猪头外套一大联珠环，上下两组各10个联珠，中间是两朵10个点围成的朵花。出土的绮有“贵”字套环绮和联珠套环绮。“贵”字套环绮（66TAM48 : 14）以联珠或者卷云组成的套环连环相套，内填以“贵”字、对鸟、忍冬和花卉等纹样。此次发掘发现了一批染缬丝织物，包括蜡缬、绞缬和灰缬。85号墓出土了一件蓝地蜡缬绢、一件红地绞缬绢和一件绛地绞缬绢，与斯坦因在Ast.vi.1和Ast.vi.3墓葬中盗掘到的染缬织物非常相似。117号墓出土了一件棕色绞缬绢（69TAM117 : 48，图3-22），与1959年304号墓出土的叠胜纹绞缬绢非常类似。105号和108号墓出土了一批灰缬织物，图案有朵花、柿蒂花、花树对鸟和狩猎纹等。105号墓出土的绿地狩猎纹灰缬纱（图3-23）以碱性灰浆作为防染剂，在平纹纱地上染出花、树、鸟、兽以及马上骑射的人物等纹样。同墓所出土黄地黄白印花绢（图3-24）在图画色的地上印黄色六瓣朵花和白色四瓣小花。该织物为两套花板套色印花，先用一套花板涂碱性防染剂染白花，再用第二套花板涂防染剂染出黄花。[2]

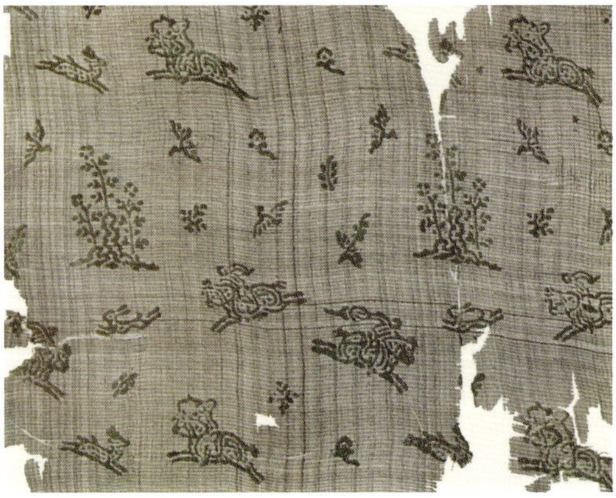

图 3-23　绿地狩猎纹灰缬纱

图 3-24　花卉纹灰缬绢

[1] 考古报告中原名称为“熊头纹锦”。

[2] 考古报告中两件织物记录为蜡缬，且编号相同，均为68TAM105:1。经过武敏的研究，认为这它们应为灰缬。武敏：《吐鲁番出土丝织物中的唐代印染》，《文物》1973年第10期，第37–47页。

1967年，新疆维吾尔自治区博物馆在阿斯塔那清理发掘了一座唐代的墓葬，编号为363号。内葬尸体两具，一具覆以白绢，一具覆以麻布。白绢上缝一块织锦遮胸，其由三片锦缝合而成，一片大的17厘米×14.5厘米，两片小的约7.6厘米×8厘米。斜纹纬重组织，经线为橘黄色、蓝色、绿色、白色和浅黄色等色。图案为小联珠对鸭纹，主题纹样是由24颗小联珠组成的联珠环，中间立一对面面相对的鸭子，联珠环之间为十字形辅花。[1]

图 3-25　藏青地禽兽纹锦

1972年末至1973年初，新疆维吾尔自治区博物馆考古队和吐鲁番市文物保管所共同组成的考古工作队在阿斯塔纳古墓群东南段发掘了麹氏高昌张氏家族墓区及其附近的墓葬，共清理晋至唐代墓葬63座。其中高昌郡时期墓葬4座，仅177号墓出了丝织品，包括藏青地禽兽纹锦、红地对鸟几何纹锦、海兽葡萄纹刺绣、鸟兽纹刺绣针衣、深红色立兽纹绮、蓝地梅花染缬绢和烟地鱼子缬绢等。藏青地禽兽纹锦（72TAM177:48，图3-25）长50厘米、宽54厘米，平纹经重组织。藏青色地上以红和白色经线显花，图案分区显色。卷云纹和条带构成的拱形和几何纹构成的柱形组成楼堞状的骨架，立柱两侧对称分布龙、鹿、麒麟等兽类。鸟兽纹刺绣针衣（72TAM177:71，图3-26）已残损，三层折叠后为边长约8厘米的正方形，展开后呈长方形。面料为蓝色绮，上面用红

图 3-26　鸟兽纹刺绣针衣

[1] 新疆维吾尔自治区博物馆：《吐鲁番市阿斯塔那363号墓发掘简报》，《文物》1972年第2期，第7-12页。

图 3-27　绿地对羊纹锦覆面

图 3-28　蓝地对鸟对羊树纹锦覆面锦芯

色和白色丝线采用锁针绣出图案。图案骨架为直线、锯齿和小段曲线构成矩形骨架，每个单元格内立一展翅立鸟或立兽等动物纹样，同一类动物面面相对。刺绣上面还残留一截暗紫色小菱格绞缬绢窄带，对折缝合而成。针衣里料为蓝绿色菱格纹绮，上面贴缝一块镶绞缬边的白绢，袋内还有一团双股S捻白色绣线。

属于麹氏高昌时期的墓葬共10座，出土的丝织品有绢、锦和绮等，随葬成件的服饰有被褥11件、枕5件、覆面13件、衣5件、裤2件、裙5件以及囊袋等丝织制件。

出土的锦多用于制作覆面、枕、手套、衣和衾等。覆面中央通常缝一块织锦，有绿地对羊纹锦、联珠孔雀纹锦[1]、牵驼胡王纹锦、对羊对鸡树纹锦、几何纹锦、黄地杯花鹰纹锦和树叶纹锦等。170号墓出土覆面5件，其中绿地对羊纹锦覆面（72TAM170 : 66，图3-27）长35厘米、宽27厘米，以绿地对羊纹锦为芯。锦采用的是平纹纬重组织，绿色为地，白色和红色的纬线显花。对羊的身形矫健，四腿直立，头部长有两只弯曲的大角，颈部系向后飘的三角形绶带。羊主体为白色，但在身体和羊腿上各有三条红色的色带。覆面四周以白绢作褶边，部分已残，宽11~13厘米。同墓所出另外4件覆面则都使用了树叶纹锦，其中一件树叶纹锦覆面（72TAM170 : 11）残长24厘米、宽27.3厘米，由绢边和锦芯组成。白绢边宽8.5厘米，残损严重，锦芯长23厘米、宽24厘米，由两种面料拼合而成。锦芯主体是红地树叶纹锦，长21厘米、宽17.5厘米，与303号墓出土的树叶纹锦相同；另一块是吹奏人物纹锦，采用平纹经重组织，长23厘米、宽6.5厘米。图案不完整，残留部分左侧显示出一幢建筑，屋内有三人席地而坐，左侧一人吹箫，中间一人弹奏琵琶，右侧一人拱手而听。151号墓出土了一件蓝地对鸟对羊树纹锦覆面（72TAM151 : 21，图3-28），中央的锦芯长25厘米、宽12厘米，平纹经重组织。该锦图案风格与1964年出土的对鸟“吉”字纹锦（64TAM31 : 15）非常相似，只是图案

[1] 发掘简报中为“联珠双凤锦”。

中没出现汉字“吉”。169号墓出土了一件联珠孔雀纹锦覆面（72TAM169 : 34，图3-29），长29.8厘米、宽18厘米，锦芯长20.5厘米、宽13.5厘米，采用平纹经重组织。主题图案为24个联珠组成的联珠环内站立两只面面相对的孔雀，孔雀振翅立于花台之上，头顶上置一香炉。联珠环之间的辅花为两只回首的大角鹿或相向而奔的翼马，鹿和马的上下方各有一颗花树。同墓还出土了一件牵驼胡王纹锦覆面（72TAM169 : 14，图3-30），其织物组织、图案风格和配色与1964年出土的两件编号为TAM18 : 5和TAM19 : 21的锦非常类似，我们可以推测这三件锦原本可能属于同一件织物。

除了覆面，锦还用于制作其他物品。169号墓出土锦被一条（72TAM169 : 51，图3-31），残存两片，分别为69厘米 ×66厘米和56厘米 ×28厘米，平纹纬重组织。红色地上以深褐色、白色和米黄色显花，纬线分区显色。图案为条纹

图 3-29　孔雀纹锦覆面

图 3-30　牵驼胡王纹锦覆面

图 3-31　朵花文字锦被

图 3-32　黄色龟甲绮图案复原

地上沿条纹排列六边形花瓣朵花间“土”字或三瓣花间“吉”字。170号墓出土了一件橙地彩条花卉大王锦枕（TAM170 : 24），仅存锦面，枕长50厘米、高14.5厘米。锦地色分区为黄色、红色，显花色为绿色、绛色、白色。纹样沿经向呈条状排列，纹样细小。在小方框中填织“大”“王”字样。另有一直径约2厘米的圆形紫绢片，原贴于鸡鸣枕鸡眼处。同墓还出土了一条保存较完整的锦裤，长104厘米，直裆长约36厘米，开裆。裤腿宽约32厘米，下部收口，裤口宽约24厘米。裤的主要面料是合蠡纹锦[1]，裤裆处由蓝绢、绿色几何纹绮以及团窠卷云对兽对凤纹锦相间形成褶裥。裤腰外层用团窠卷云对兽对凤纹锦和绿地几何花卉纹锦拼缝，中夹白色麻布作衬。[2]

出土的绮数量不多，但织造精美，多用于服饰。黄色龟甲绮（72TAM170 : 99，图3–32）是一件紫绢作腰、白纱为里的裙子的主要面料，它以平纹为地，以并丝织法织成的变化斜纹显花，保存两侧幅边，幅宽48.5厘米。织物以正六边形的联珠或直线作骨架，在六边形的骨架中置以龟、朵花等。紫色楼堞对凤立人对兽纹绮（72TAM170 : 61）是一件上衣的面料，残存两片，分别为80厘米×43厘米和33厘米×19厘米。它也是以平纹作地、并丝织法织成的变化斜纹显花。图案的主要骨架是两排对称的以三层卷云纹叠成的S型楼堞纹，在楼堞之外是对龙纹，楼堞之内各站立有一个立人，而在两立人之间还有一个近似于人面纹的纹样。褐色大联珠对狮纹绮（72TAM170 : 59）以平纹作地，变化斜纹起花。织物的幅宽约为50厘米，其团窠图案的直径也应该在50厘米左右。团窠环分为内外两层，里环由莲花瓣组成，外层环是联珠纹。与一般团窠不同的是，这一图案在团窠内还有联珠柱将其分为四个区域，在靠近幅边的两个区域中，布置的是两个对狮纹样。

此次发掘的属于唐西州时期的墓葬最多，为43座，出土服饰81件，丝制品107件，还有鞋和袜等。丝织物品种也最为丰富，包括绢、绮、绫、纱、罗、锦、缂丝、染缬和刺绣等。锦主要有藏蓝地联珠菱纹锦（72TAM195 : 2），斜纹纬重组织，藏蓝色地上以米黄色和米色纬线显花。图案为联珠菱格内填四瓣朵花，菱格交点处置长方形框。联珠戴胜鸟纹锦，原为覆面的芯，残长42厘米、宽33厘米，斜纹纬重组织，豆绿色地上以橘红和白色的纬线显花。图案为联珠环内置一对戴胜鸟。蓝地宝花纹锦（72TAM188 : 29，图3–33）在

[1] 发掘简报中为“红地人面鸟兽纹锦”。
[2] 王乐：《合蠡纹锦裤复原报告》，收入包铭新主编《西域异服——丝绸之路出土古代服饰复原研究》，上海：东华大学出版社2007年版，第110–115页。

藏蓝色地上以红色、绿色、橘黄色和白色经线显花。主题纹样为八瓣双层宝花，间以十字形花叶纹辅花。白地朵花双面锦（72TAM187 : 150，图3-34）由两层平纹组织表里换层而成，一层是白色纬线和浅米色经线交织成平纹，另一层是棕色纬线与棕色经线交织成平纹，然而表里换层。其结果是正面是白地棕花，背面是棕地白花。同墓中出土了天宝三年（744）文书。

出土的绮图案丰富，有菱纹、菱格蝉纹、人字纹、团窠对龙纹和对波葡萄纹等。黄色团窠对龙纹绮（72TAM221 : 12，图3-35）原为覆面，长25厘米、宽21厘米，平纹地上以四枚斜纹显花。主题纹样为双侧联珠环内置一立柱和对龙，环外是十字形花叶纹辅花。立柱底座、中段、顶部均以莲花装饰，两侧的龙面面相对，尾部上扬，腾跃而起。绛紫色菱格蝉纹绮（72TAM188 : B）平纹地上以四枚斜纹显花，图案为在菱格纹骨架，四个小菱格的中心置一几何化的蝉纹。条纹染缬绮被（72TAM227 : 29）长109厘米、宽80厘米，白绢为里，上面墨书“赵海”两字。绮为平纹地上以四

图 3-33　蓝地宝花纹锦

图 3-34　白地朵花双面锦

图 3-35　团窠对龙纹绮

枚斜纹显花，采用葡萄纹为主题纹样，并以其枝蔓形成对波骨架。织物染有红色、黄色和绿色的条纹。墓葬中还出土了一些绫、罗织物。黄色团花绫（72TAM187 : C）是以1/3纬斜纹为地，3/1经斜纹显花的单色暗花织物；棕黄色绫纹罗则是在四经绞地上以二经绞组织显花。

出土丝质服饰主要包括绢鞋、绢袜、锦囊、针衣和百纳袋等。白绢彩绘夹袜（72TAM227 : 26）长24厘米、靿深22.2厘米、口宽15.5厘米，白绢袜面的彩绘分为两部分，以绿色窄带间隔：袜靿绘四瓣朵花，袜身绘三重四瓣朵花，采用晕染技法涂色。联珠锦囊（72TAM189 : 6）长9厘米、宽6.5厘米，三面缝合，上端留口，以联珠猪头纹锦为面，内有衬里。锦针衣（72TAM189 : 10）长33厘米、宽10.5厘米，黄色绢里，絮丝绵，分三段，两端向内对折，四周镶缘，缀有用红色绢绳编结的盘扣和扣襻。锦面为大联珠猪头纹锦，出土时还保存别在锦面里的铁针。[1]

1973年春，新疆维吾尔自治区博物馆考古队在吐鲁番阿斯塔那古墓群东南区张氏茔区进行了第十一次考古发掘，共清理墓葬20座。从墓葬形制和出土文物等看，属于麴氏高昌和唐西州两个时期。发现纺织品有棉、麻、丝等60余件。丝织物重要的有藏青地朵花龟甲纹锦、橙红地龟甲纹锦、红地杯树纹锦、紫色联珠套环鸟兽纹绮等。橙红地朵花纹锦（73TAM116 : 27）原为锦被面料，残长158厘米、宽28厘米。平纹纬重组织，橙红色地上以白、草绿和褐黄色纬线显花。主题纹样为六瓣朵花，沿纬线方向排列。花瓣和花芯为长六边形，一根草绿色窄带从朵花中部穿过。织物的一端为红白相错排列的长方形。紫色联珠套环鸟兽纹绮（73TAM116 : 47）为衣服残片，图案以联珠组成的套环形成骨架，骨架内填以对鸟、对兽和植物纹样。

属于唐西州时期的墓葬15座，出土丝织物包括锦、绮、绫、罗、绢、染缬和刺绣等。绢的数量最大，主要用于制作各类服饰，包括衣、裙、覆面和带等。绮也多用于服饰面料，主要有熟褐色谷纹绮、黄色菱格纹绮、熟褐色柿蒂纹绮、红色龟甲纹绮、花青色对波纹绮、深蓝地宝花纹绮、浅棕色宝花葡萄纹绮和浅棕色卷藤莲花柿蒂纹绮等。在213号墓中出土了一副铜眼罩，其包边为经纬异色的二色绫（73TAM213 : 35）。经线绿色，纬线黄色，图案为宝花纹，正面绿花黄地，背面黄花绿地。同墓还出土了一件紫色菱纹罗残片（73TAM213 : 42），四经绞地上以二经绞组织显花。出土的锦主要有黄地

[1] 新疆文物考古研究所：《吐鲁番阿斯塔那第十次发掘简报（1972—1973年）》，《新疆文物》2000年第3、4期，第84-128页。

方格联珠菊花纹锦（73TAM196：12），长9.5厘米、宽10厘米，斜纹经重组织。黄色地上以深蓝色、浅蓝色和白色经线分区显花，每区2~3色不等，并以白色和深蓝色勾边。图案以单排联珠纵横相交形成方形骨架，相交处饰六瓣小花，方形骨架正中饰十六瓣菊花，外围一圈联珠纹，四角饰图案化的忍冬纹。小联珠团花锦（73TAM211：9，图3-36），19.7厘米×20.5厘米，斜纹经重组织，橘黄色地上以白色和深蓝色显花。联珠直径近3厘米，由22个圆点组成，内置团花，联珠之间填以十字形花叶纹。染缬织物主要有绞缬和灰缬丝织物。绞缬朵花绮（73TAM191：84）为宽17厘米的裙面料，平纹地上以3/1S斜纹显花，纹样为顶角相连的连续小菱形。扎染图案为直径9厘米的四瓣朵花。此外还有两件以散花形式排列的绿色和翠绿色联珠纹绞缬绢。彩色晕繝柿蒂纹绮（73TAM191：129）平纹地上以4枚斜纹显花，每朵花四瓣，散点式排列。整件织物上用绿、黄、棕三色沿经向扎染成彩条纹样，具有晕繝效果。灰缬织物包括印花平纹纱和印花绢，图案主要有朵花、菱格朵花、团花、凤鸟花草纹、仙人御鹤纹、团窠立鸟纹等。棕褐地团窠立鸟纹印花绢（73TAM191：96，图3-37）的主花为蕾式宝花环中立一鸟，辅花为十字形折枝卷叶花。覆面（73TAM237：18）的芯为一块联珠套环纹刺绣，在朱红色绮与天青色绮等拼缝的面料上用锁针绣出联珠套环等纹样，并用白、红和藏青色勾边，刺绣周围缝一圈米黄色绢褶边。191号墓出土了一件形制完好的百纳袋（73TAM191：127，图3-38），宽23.5厘米、深20厘米，带长16厘米、宽1厘米，口缘宽2厘米。袋身由方形黄绿色和浅橘红色绮拼

图3-36　小联珠团花锦

图3-37　团窠立鸟纹印花绢

图 3-38　百纳袋

缝而成，袋底圆形，内衬有夹里，已残破。[1]

1973年9月，新疆维吾尔自治区博物馆和西北大学历史系考古专业组成的考古队对阿斯塔那村北、公路东的古墓群进行了全面发掘，共清理墓葬38座。其中206号墓为张雄夫妇合葬墓，张雄死于633年，其妻死于688年，墓葬经历了从麴氏高昌到唐西州两个历史时期。墓中出土了一批唐代木俑，其中宦官俑和舞女俑身着由丝织品制作的服装。这些俑仅雕出头部，胶于长方形木柱上，以纸捻作臂膀，外罩丝质衣袍。头部敷彩，精工描绘出眉目、面靥、发饰等。宦官俑身着黄色暗花绮长袍，腰部系黑腰带，面部充满了媚上欺下的丑态。暗花绮以平纹为地，上面以并丝组织显菱格纹。其中一个女俑（图3-39）梳高髻，额头饰花钿，上身着绿绮衫，外罩锦半臂，围以披帛；下穿红黄相间的曳地长裙，外罩轻纱。半臂面料与联珠对鹊纹锦（73TAM206 : 48/1，图3-40）相同，斜纹经重组织，主题纹样为联珠环内置一对面面相对的立鸟，联珠环之间的辅花为十字形花叶纹（图3-41）。联珠环上排列四组五个一串的联珠，中间由四

图 3-39　女俑

图 3-40　联珠对鹊纹锦

[1] 新疆文物考古研究所：《吐鲁番阿斯塔那第十一次发掘简报（1973）》，《新疆文物》2000年第3、4期，第168-194页。

图 3-41　联珠对鸟纹锦图案复原

个回字形方块间隔。半臂通常由一块长方形面料剪裁而成，一侧短边剪裁至靠近中间位置时挖一块三角形，穿着时俑的头部从三角形伸出，身前的裁缝用粗针脚缝合。披帛由菱格纹暗花罗织物缝制而成，四经绞地上以二经绞组织显花，上面印有三个小圆点为一组的花纹。女俑腰带为缂丝织物，长9.5厘米、幅宽1厘米，草绿色地上以大红色、橘黄色、土黄色、海蓝色、天青色、沉香色和白色等色彩的丝线织出分段退晕的四叶花纹（图3-42），这是目前所知最早的有明确纪年的缂丝实物。其他女俑半臂面料还有对波纹鸟兽团花斜纹经锦、朵花斜纹经锦、联珠对羊纹斜纹经锦和菱格朵花双面锦（图3-43）等。其中菱格朵花双面锦的结构与187号墓出土的白地朵花双面锦结构相似，由两层平纹组织表里换层而成，只是206号墓出土的双面锦年代更早一些。[1]

1975年春，新疆维吾尔自治区博物馆考古队对位于高昌故城东北的哈拉和卓古墓群进行了发掘，清理墓葬40座，出土文物约500余件。根据形制，这些墓葬包括了三个时期：第一期墓葬11座，相当于十六国高昌设郡到柔然控制高昌的早期，出土丝织品有绢、绨、锦和刺绣，其中以绢为多；第二期墓葬16座，属于麴氏高昌时期，出土的丝织品主要是彩色绢和两件伏羲

图3-42　缂丝腰带

图3-43　菱格朵花双面锦

[1] 新疆博物馆、西北大学历史系考古专业：《1973年吐鲁番阿斯塔那古墓群发掘简报》，《文物》1975年第7期，第8-26页。

图 3-44　绞缬襦残片

图 3-45　大联珠鹿纹锦

女娲绢画；第三期墓葬13座，属唐西州时期，出土丝织品包括联珠戴胜鹿纹锦覆面两件、双人伺坛锦覆面一件以及各色彩色绢、纱、绫（绮）和伏羲女娲绢画。重要的丝织品主要出自71号和96号墓。96号墓属北凉时期，所出丝织物主要有绞编鞋和服饰残片。女裤残片（75TKM96:53）残长29厘米、宽48厘米，直裆残长18厘米。以红色、绿色和白色绢为面料，裤腰采用白色麻布。绯地绞缬襦残片（75TKM96:58，图3-44）为两片，领、衣身及袖均残，仅存部分领襟和衣襟底边。71号墓属唐西州时期，出土保存较完好的锦覆面2件。大联珠鹿纹锦（75TKM71:19，图3-45）为斜纹纬重组织，黄色地上以蓝色、绿色和黄色显花。小联珠双人伺坛锦（75TKM71:20）为平纹经锦，绿色地上以黄烟色显花。在小联珠排列而成的大圈内有三个人物，中间一人头戴高花冠，身着黄袍，双手前拱，双腿盘坐，似讲坛的坛主；左右两旁各有一侍者，均面向坛主，双手前拱，头发在脑后扎成一个髻。此外还有一件属北凉时期的锁绣残片（75TKM94:8），以大红色、藏蓝色和土黄色等色丝线在绿色绢地上绣出云团纹。[1]

1986年9月，吐鲁番地区文管所在阿斯塔那抢救发掘了8座墓葬，编号86TAM384–391。墓中死者的衣服一般可分为三层：贴身一层通常是用条幅麻布缠裹；第二层服装用丝织品制作，以素绢为主；第三层衣着是用麻布做的外套。第二层丝质服装面料以素绢为主，如紫红色绢上衣，也有绛紫色绮

[1] 新疆维吾尔自治区博物馆考古队:《吐鲁番哈喇和卓古墓群发掘简报》,《文物》1978年第6期，第1–14页；新疆文物考古研究所《吐鲁番阿斯塔那–哈拉和卓墓地：哈拉和卓卷》，北京：文物出版社2018年版，第107–109、163页。

和蓝地白方点绞缬绢等。通常包括一件上衣、一条裤子和外罩一件裙子，男子也有外罩裙子的。上衣胸前缝缀一块20厘米见方的锦，386号墓内男尸裤管处还缝缀绿色锦边饰。绢袜都做得很短小，只能套上半只脚，用绢带系住。还有绢手套，不分指，为筒状。387号墓内女尸在麻布外套外面又穿了一件紫红色绢右衽长袍。死者多带纸帽，穿纸鞋，面部盖覆面。[1]

2004年，吐鲁番地区文物局在阿斯塔那墓地西区清理了9座墓葬，编号为M392-M400。墓葬有单人葬、夫妻合葬和多人合葬。墓内丝织品多为服饰残件，面料基本为绢。[2]

[1] 吐鲁番地区文管所：《1986年新疆吐鲁番阿斯塔那古墓群发布简报》，《考古》1992年第2期，第143-156页。

[2] 吐鲁番学研究院：《新疆吐鲁番阿斯塔那西区2004年发掘简报》，《文物》2014年第7期，第31-52页。

第二节　木头沟

木头沟位于吐鲁番市东部，包括一条约七千米长的主沟，沟谷西壁断崖上为柏孜克里克千佛洞，沟水流出火焰山口的东岸断崖上为胜金口石窟。日本大谷探险队在第二次和第三次西域考查的时候都在木头沟进行了盗掘，收获了一批唐代丝织物，包括绢、绮、锦、缂丝以及染缬和刺绣等。[1]

经锦中有一小块宝花纹经锦，长约10厘米，宽约7.5厘米，其图案与1968年阿斯塔那381号墓中出土的宝花纹锦非常相似。纬锦残片有好几块，其中最著名的是“花树对鹿”锦，图案采用大联珠环为团窠环，从残存部分推算，团窠直径超过30厘米。联珠环5个联珠一组，4组围成一圈，每组间由回纹方块连接。团窠内是一对相向站立于花树下的大角鹿，虽然鹿的脖子上戴有联珠环，后面飘着波斯萨珊风格的飘带，但鹿是典型的东方类型，身上有明显的斑点。树叶很像葡萄叶，枝干上挂着葡萄串，还有飞鸟在其间。树的主干上有一长方形，内有两列呈镜像关系的汉字“花树对鹿”。联珠环之间的十字形辅花非常华丽，其大小几乎与联珠团窠相当（图3–46）。该锦图案与斯坦因在阿斯塔那盗掘的一件覆面上的斜纹纬锦残片（Ast.i.3.a.01）图案

[1] 香川默识：《西域考古图谱》，北京：学苑出版社1999年版，图版73–79。

图 3-46“花树对鹿”锦

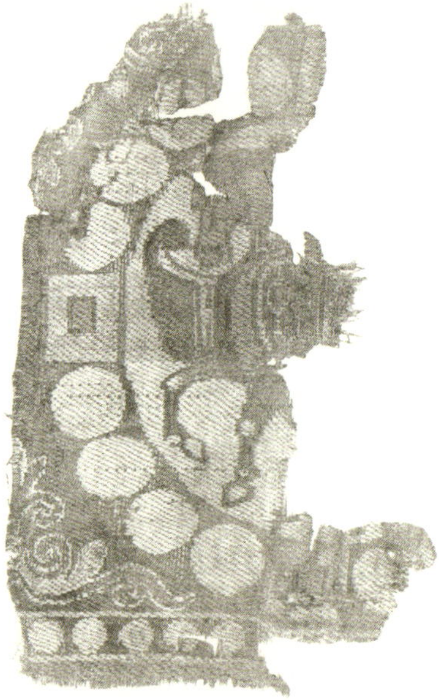
图 3-47　翼马纹锦

图 3-48　葡萄纹缂丝带

非常相似，不过后者仅保留鹿头、鹿角、部分花树、联珠环和辅花。另一件联珠翼马斜纹纬锦的团窠较小，根据残片上面的图案推算团窠直径13厘米左右，团窠内为一匹站立的翼马。联珠环4个联珠一组，4组围成一圈，每组间由回纹方块连接。织物下部为横向的联珠带及一半的辅花，可能是织锦的起头部分或者中间纬向的裁边（图3-47）。其他一些联珠纬锦残片因太小，具体图案无法辨认。发掘的刺绣也基本为残片，图案主题有花卉、卷草、飞天和建筑等。染缬织物包括灰缬和夹缬绢，图案为朵花、宝花和缠枝花卉，从形制看，可能是幡残件。而一同发掘的一些剪成花朵形状的绢片，很可能曾用于装饰幡。此外，还有一条葡萄纹缂丝带，墨蓝色地上显红色、蓝色、棕色葡萄串，以浅棕色勾边（图3-48）。[1]

按照《西域考古图谱》中的记录，上述织物的发掘地均为木头沟，不过从织物图案和织造印染技术来看，它们与木头沟周边地区甚至是敦煌发现的丝织品都非常相似。

[1] 香川默识：《西域考古图谱》，学苑出版社，1999年版，第73页。

第三节　巴达木

巴达木墓地位于吐鲁番市二堡乡巴达木村东，北距哈拉和卓墓地1公里，南距高昌故城4公里，西距阿斯塔那墓地3.5公里。东距吐峪沟乡11公里。2004年10月，吐鲁番地区文物局对被盗墓葬进行了发掘，共清理墓葬82座。从墓葬形制和出土文物来看，这批墓葬的年代为麹氏高昌国至唐西州时期。墓中出土丝织品五件，包括两件伏羲女娲图绢画、两件锦覆面和一件方枕。[1]两件覆面的形制与阿斯塔那墓葬中的覆面形制相似，中间一块长方圆角形锦芯，周边缝一圈绢褶边。猪头纹锦覆面锦芯（M245:2，图3-49）长25厘米、宽15厘米，外圈的米色褶边已脱落，图案褪色后为土黄色地上显蓝色花。猪头张口露齿，两个獠牙弯曲上翘，面部用土黄色区域分出额头、下颌和面颊等区域，头后和颈部布满条纹状鬃毛。猪头外套一联珠环，5个联珠一组，共4组，由回字形方块间隔。联珠环水平和竖直方向一字排开，水平方向间距较小，竖直方向间距较大，且上下两排环内的猪头朝向相反。联珠环间隙处立三叉树纹，底座装饰两颗心形。另一件覆面（M252:21）长28厘米、宽22厘米。中间为一块联珠对马纹锦，外缝一圈黄绢。图案为簇四排列的联

[1] 吐鲁番地区文物局：《新疆吐鲁番地区巴达木墓地发掘简报》，《考古》2006年第12期，第47–72页。

珠环，环内立两只相对的翼马，抬首迈步，颈部和四条腿上系飘带，联珠环之间填以十字形花叶纹辅花。该锦与1959年阿斯塔那302号墓中出土的对马纹锦非常相似。出土的丝质枕头（M209:9）长方体形，内装草木灰，三边长度分别为13.5厘米、6厘米和5.5厘米。主体由深蓝色绢缝制，两侧面缝黄地蓝花联珠纹锦，平纹经重组织。锦的图案不完整，从保留的部分推断，应该为大联珠纹，联珠内为植物纹，联珠外为十字形花叶纹。[1]

此外，巴达木墓地还出土了一件蓝地佛像狮纹经锦（图3-50），蓝色地上以红色、白色和黄色分区显花。经向长17.4厘米，纬向长26厘米。图案主题包括对狮、坐佛、联珠莲花、迦楼罗和仰莲等。[2]

图 3-49　猪头纹锦

图 3-50　蓝地佛像狮纹锦

[1] 严枫、马治花、艾里玛：《吐鲁番巴达木墓地出土蓝地贴锦连珠菩提纹绢方枕的修复》，《文物修复与研究》2014年年刊，第316-319页。
[2] 李肖：《吐鲁番文物精粹》，上海：上海辞书出版社2006年版，第120页。

第四节　盐湖（唐代）

1970年2月，新疆军区生产建设兵团军垦战士，在乌鲁木齐市南郊盐湖南岸天山发现古代墓葬两座，新疆文物考古研究所随即收集了已经出土的部分文物并对两墓残存部分进行了清理。出土文物都是死者的服饰、马具等实用器物。根据随葬物品推断，二号墓的年代为唐代。发现时墓葬大部分已被毁，在洞穴深处见到散乱的人体肢骨、桦木皮、腰带和丝织物残片等。东侧有马坑，殉马一匹。墓中共清理出一套马具、一副腰带及锦、绢等残片23块。其中锦2块，烟色暗花绸3块，黄色绢8块，红绢6块，紫绢2块，蓝色染缬绢1条，黄色绢带蝴蝶结1个，以及数小团丝绵。

蓝色染缬绢长66厘米、宽5.5厘米，蓝色地上显白花。红地宝花纹锦为斜纹纬重组织，红色地上以黄色、蓝色、白色等色纬线显花。主花是华丽的团窠宝花，共三重：中心是四瓣朵花，外围八出花叶纹，再向外伸出八个大花瓣；主花之间是十字形花叶纹辅花（图3–51）。烟色暗花绫共3块，其中两块上残存有平纹素绢衬里。绫组织为2/1S斜纹地上以1/5Z斜纹显花，上面可见写实的牡丹花图案。[1]

[1] 王炳华：《盐湖古墓》，《文物》1973年第10期，第28–36页。从考古报告中照片来看，暗花绫上的牡丹花线条流畅、边缘光滑，很可能为手绘。

图 3-51　宝花纹锦图案复原

第四章

五代宋元时期丝绸

宋元时期，织锦依然是主要的丝织品种。全明经的暗夹型纬二重组织在这一时期依旧使用，而且有不少的类型变化。从晚唐起，一类正反面都是纬面组织的斜纹纬重织物占据了主导地位，其组织可称为半明经纬重，在辽代特别流行，几乎所有的辽代或五代时期的织锦都采用了这一类组织，因此也被称为辽式纬锦。[1] 另一种具有织锦效果的组织是单插合织物，其种类有花绫、花罗、花纱、花绢等。通经断纬的妆花技术在这一时期流行起来。元代最为著名、最有特点的织物是加金织物，又称织金锦，元史资料称之为“纳石失”。从织物的组织结构来看，织金的方法可以分为两大类：一类是属于地络类的加金织物，平纹地或是斜纹地上络合的片金织物；一类是特结类的织锦，使用两组经丝，一组专门起地组织，与地纬交织，另一组专门固结纹纬。缎纹组织的使用日渐广泛，它比斜纹组织的浮长更长，因而使织物的光泽、纹样更清晰。这一时期的印绘与刺绣也非常发达，其印绘方法有印金、线描、彩绘和染缬等，刺绣方法则以平绣和钉金银绣为主。缂丝虽然源自唐代，但在宋代达到极盛。

晚唐至北宋时期，一种由两只鸟或两只兽头尾相接回旋排列而成的小型团窠开始在丝绸上出现，这种排列方法被工艺美术界称为“喜相逢”。窠状纹样非常常见，但窠的形状却有不少变化。大多数团窠纹样被称为盘或团，如宋元史料中常见的盘象、盘鹊、盘球、雕团、狮团等。元代出现了很多新窠形，如瓣窠、玛瑙窠、柿蒂窠和樗蒲窠等。还有一类明显带有北方民族特点的图案，从图案布局上来看可称为搭子，包括浑搭子和散搭子，从题材上来说则多取自于自然界。此外，团窠宝花纹也渐渐向写实的折枝花和缠枝花过渡。

---

[1] 赵丰:《辽代丝绸》，香港：沐文堂美术出版社 2004 年版，第 33–36 页。

第一节　高昌、吐峪沟

高昌故城位于吐鲁番市东南30公里处，始于汉代的“高昌壁”，公元5世纪为北凉首府，现存遗址是在唐代高昌城的基础上，经回鹘时期的改建、增筑而成。吐峪沟石窟位于吐鲁番鄯善县吐峪沟乡吐峪沟麻扎村，这里曾经是高昌国的王家寺院，是古代丝绸之路上的一处重要的佛教地点。从19世纪中叶开始，外国探险者来到高昌和吐峪沟，劫掠了一大批包括丝织品在内的文物。1903年、1907年和1908年，日本大谷探险队的成员橘瑞超和野村荣三郎等人三次到达吐峪沟，除了盗掘大批文书和佛像，还盗走了一些绢画。[1] 1904—1905年，德国考察队获得德皇资助，第二次来到新疆，由勒柯克负责，并命名为“第一次普鲁士皇家吐鲁番考察”。他们在高昌故城、柏孜克里克千佛洞和吐峪沟等地盗掘、清理出一批回鹘时期的丝织品，大部分织物是残片，种类有锦、绢、缂丝和刺绣等，其年代大多可定为公元10世纪前后。[2]

勒柯克在高昌K遗址找到了一座摩尼教建筑物，遗址东部为“藏书室”。“藏书室”是一间穹窿顶房间，其东侧紧挨着一条长廊，从上到下高高地堆

[1] 香川默识：《西域考古图谱》，北京：学苑出版社1999年版，图版25–46。

[2] Albert von Le Coq, *Chotscho: Facsimile-Wiedergaben der wichtigeren Funde der Ersten Königlich Preussischen Expedition nach Turfan in Ost-Turkistan,* Berlin: Dietrich Reimer, 1913, Tafeln 49-52.

满了“杂物”。“杂物”中间部分有大量摩尼教写本残卷、绢画残片以及织物碎片。其中两件摩尼教画幡保存完好，分别绘有男女两位教士。发现的刺绣残片十分精美（图4-1），其中一块上半部为一个摩尼教女神及两位侍从，女神站在美丽的莲花底座上，上身穿黄色长袖衣，下身着橘红色裙。她左手叉着腰，右手拿着一个物体，图案已缺失，可能是一朵莲花，或是个小佛塔或骨灰盒，也有可能是个香炉。女神披发，额前留一排发卷，头部是放射状彩带组成的头光，周边是一圈圆珠。女神右侧站着两个身穿全套法衣的女教士，脚踩莲花底座。下半部的图案是用线与人像部分缝在一起的，为蓝色的花朵，花瓣由浅蓝和深蓝两色绣成，从花朵中垂下来两行绣出来的回鹘文字，已部分损坏。同时发现的刺绣残片还有两朵花、两条龙以及一只鸟，以平针绣为主，局部钉针绣。勒柯克在“藏书室”的长廊里还发现了一些织锦和缂丝（图4-2）。其中两块织锦可能来自同一块织物，较大的一块底色已严重磨损和褪色，用蓝黑色线条勾画出一个大象的头部和耳朵。象面向右方，这个图案在下方重复出现，方向不变。较小的一块结构和色彩与前一块相同，只保存着一个人的头部和一只胳膊，轮廓线也是深蓝色。缂丝均为小块残片，金黄色的地色上用紫色、黄色、绿色、白色和蓝色等色彩的丝线织出精美的藤蔓图案。此外，勒柯克还在高昌V遗址和M遗址发现了少量丝织物残片。[1]

在吐峪沟，德国人发现了一小批丝织品，包括锦、刺绣和印染织物等。在吐峪沟右岸寺庙，他们发现了一块较大的丝织物残片，中间一块圆形的锦外面有一圈由相同织物制成的边，但保留不多。该锦以红色地，黄色、白色、

图 4-1　高昌 K 遗址发现的刺绣残片

图 4-2　高昌发现的锦和缂丝残片

[1] 勒柯克著，《高昌——吐鲁番古代艺术珍品》赵崇民译，乌鲁木齐：新疆人民出版社 1998 年版，第 15–17 页、55、56、138、139 页。

绿色和蓝色丝线显花。图案骨架为方形网格，由布满小方格的条带分割而成，条带水平和竖直相交处为一朵花。网格正中央是一朵团花，花外为一圈白色联珠环，格子四角为四个适合卷草纹（图4-3）。考察队在吐峪沟左岸的寺庙中发现了三块刺绣佛像，虽然破损严重，但仍能辨认出站立于莲座上的佛陀及头顶和身后色彩渐变的背光。其中一块刺绣的左侧残留一块蓝地白点绞缬绢，另一块左侧保留一小条红地白点绞缬绢（图4-4）。一同发现的还有一块花卉纹刺绣残片和建筑纹刺绣残片。

图 4-3　方格联珠团花纹锦

勒柯克一行在高昌和吐峪沟还挖到了两片夹缬残片（图4-5）：一片色彩保存较好，有蓝色、橙色两色印染，留出白边，可以看到中间是一菱形的装饰纹样，下有一对雁首，衔花相向；另一片色彩已基本褪成黄色，但可以看到一对雁身，迎面而立。

为配合丝绸之路申遗和吐峪沟崖体加固工程，2010年起由中国社会科学院考古研究所、北京大学考古文博学院、吐鲁番学研究院等单位联合对吐峪沟石窟遗址进行考古发掘，发现了包括绢画在内的一些纺织品残片，但数量不多。[1]

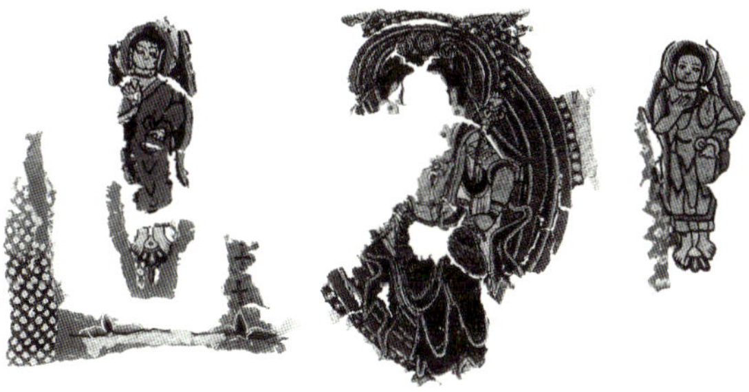

图 4-4　刺绣佛像

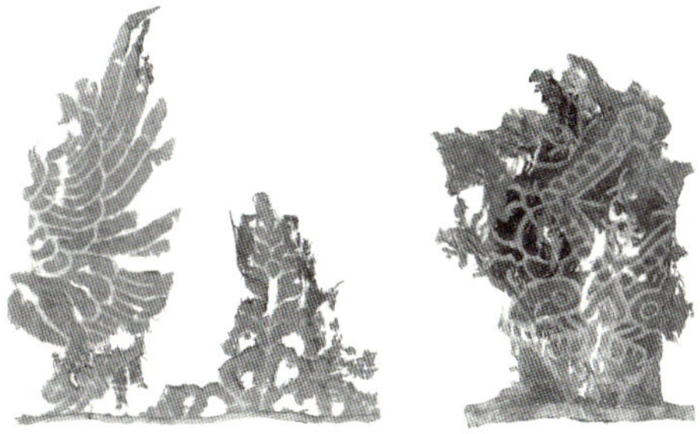

图 4-5　在高昌（左）和吐峪沟（右）发现的夹缬绢残片

[1] 陈凌：《近年吐峪沟石窟考古收获与认识述略》，《欧亚学刊》（第3辑），北京：商务印书馆2015年版，第35-50页。

第二节 布扎克

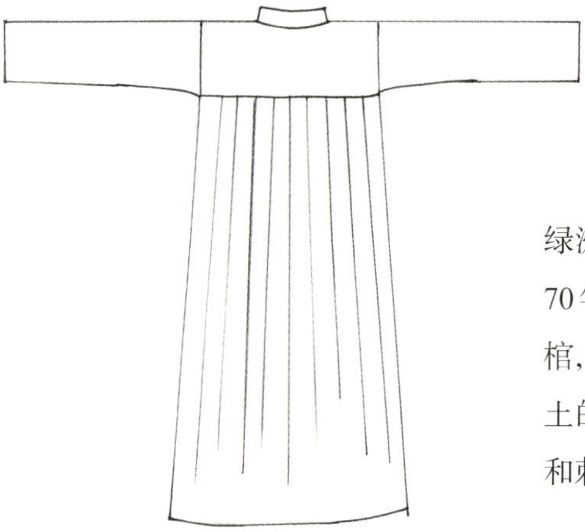

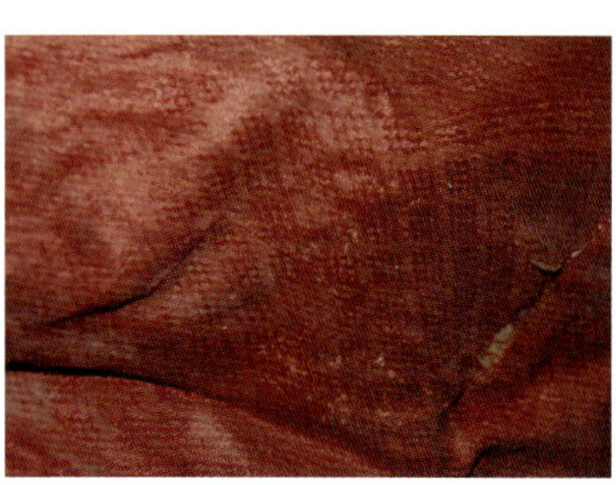

图 4-6 暗红色菱格纹绮女裙结构图及面料

布扎克墓地位于和田市西南18公里的布扎克乡绿洲南缘，东西长800米，南北宽400米。从20世纪70年代起，经多次发掘，出土了一批保存完整的彩色棺，尸体三具，尸体身上的服饰保存较完好。墓中出土的织物有锦、绫、绮、绢和刺绣，其中锦、绫、绮和刺绣明显带有晚唐、五代乃至宋初的特点。[1]

红衣女尸发掘于20世纪70年代，仰身平躺，身长约110厘米，似为女童。头颅下垫有长方形枕，系双髻于头顶两侧，以绢带绑扎，颌下系绢制护颌带。身穿圆领长袖连身褶裥裙，裙内脚踝残留部分织物，可能为裙或裤。脚穿白色棉袜和锦鞋。暗红色绢枕（M70:1）残长23厘米，宽18厘米，以红色平纹绢制成。红绮圆领长袖连身褶裥裙（M70:2，图4-6）裙长94厘米，领高2.5厘米。裙身在肩下

[1] 赵丰、王乐、万芳、李甍：《和田布扎克彩棺墓出土的织物与服饰》，收入赵丰主编《大漠联珠：环塔克拉玛干丝绸之路服饰文化考察报告》，上海：东华大学出版社2007年版，第90–99页。

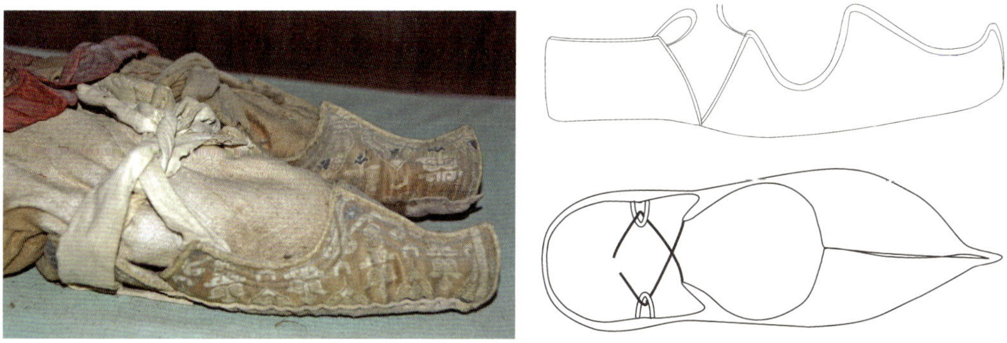

图 4-7　棕黄色几何纹锦鞋及结构图

12厘米处分裁，分裁处施褶，褶宽2厘米左右，正面共有12褶。裙的面料是暗红色菱格纹绮，平纹地上显菱格纹图案，裙里为暗红色绢。棕黄色几何纹锦鞋（M70:3，图4-7）一双，鞋底长约23厘米，宽约7厘米。鞋头呈尖翘状，鞋身共由三部分构成：两块前片和一块后片，两块前片于鞋头正中处拼合，后片为包住脚跟的一整片。侧前片顶端钉有绢带，交叉穿过两侧后片顶端的绢带环系结。鞋底为皮质，鞋身面料为棕黄色斜纹锦，上有心形几何图案，鞋口及鞋头拼接处缝有棕色装饰线，棕色装饰线下又缝有三道蓝色细线。

白衣女尸发现于1983年，仰身平躺，身长约160厘米。头发多已脱落，发式不明。面部肌肤干缩，闭目张口。颌下勒有绢带，系于头顶挽结。头枕暗红卷云纹绫枕，出土时面盖覆面，但覆面已残。女尸着两层衣。贴身为交领高腰连身长裙，保存较完好。裙外再套圆领长袍一件，袍长及踝，严重残破。袍外胸前处盖有遮胸一方，脚穿白色棉袜及红色绮绣花卉纹女鞋一双。暗红色卷云纹绫枕保存较完整，长44厘米、宽24厘米。面料为暗红色卷云纹绫，采用唐代开始出现的三枚斜纹为地、六枚斜纹显花的同向绫组织（M83:1，图4-8）。红色交领高腰连身绢裙（M83:2）为女尸贴身衣物，基本形制为短袖、交领、高腰连身褶裥裙。通袖长约50厘米，裙摆及踝，长135厘米。交领右衽，袖长及肩，袖口宽21厘米。腰以上为夹衣带衬，均用红色绢做面及里，腰下裙摆施褶处均为单层。白色圆领绫袍（M83:3）穿于高腰长裙外，无夹里。领口撕裂，两袖均黏附于人体上，由残迹看，系圆领长袖袍，袍长122厘米左右。圆领领高10厘米，领口较大，垂于胸前。袍身两侧开衩，衩高不少于60厘米，下摆横宽68厘米。面料为白色同向绫，采用花卉状的图案，但由于织物织得较为稀疏，无法看清图案。一块白色贴金菱格绮

图 4-8　暗红色卷云纹绫图案复原

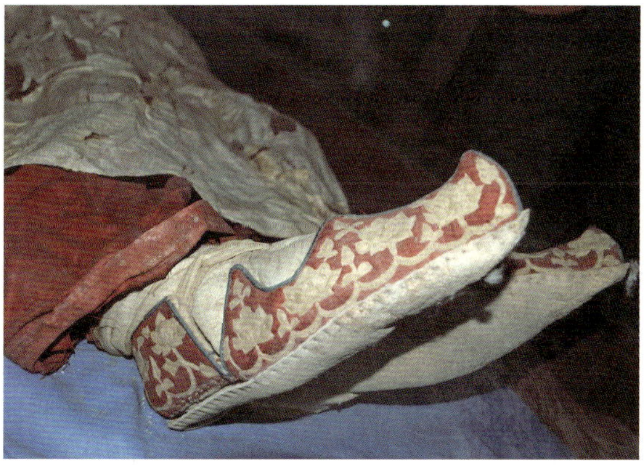
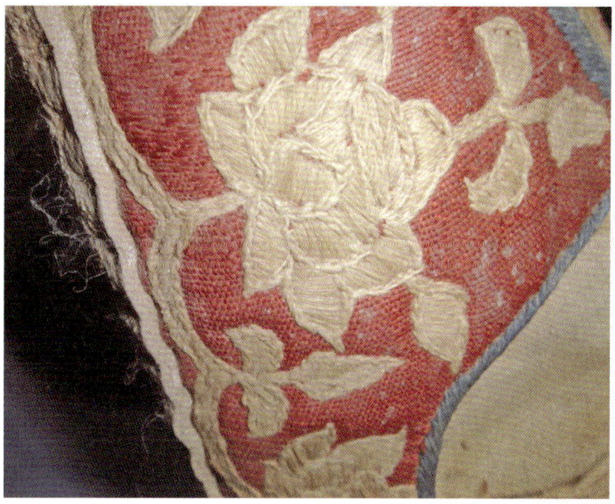

图 4-9　花卉纹刺绣女鞋及刺绣局部

帕（M83:4）盖于女尸的胸部，呈正方形，边长60厘米，四周均有极细的卷边。帕用白色菱格绮制成，上有点状贴金，但贴金的金箔有不少已剥落，无法还原其原来的图案。脚穿花卉纹刺绣女鞋（M83:5，图4-9），鞋底长25厘米，宽8厘米，鞋头呈尖翘状，上翘顶端至底部高度为4厘米。鞋的形制与M70墓出土的几何纹锦鞋相仿。鞋身面料为红色绮，平纹地上以并丝组织显花。绮上采用平针绣出白色花卉图案，用锁针勾边，由于刺绣的覆盖，绮本身的图案已无法看清。鞋底为皮质，鞋口及鞋头拼接处缝有蓝色装饰线。

男尸发现于1984年，仰身平躺，身长约175厘米。头结双辫于脑后，枕暗红色绮枕。颌下勒有绢带，系于头顶挽结，已残。出土时脸上盖有白绫覆面。身着三层衣：最外层红色绢衣，残损严重，形制不明；第二层为白色圆领长袍，袍长过膝。胫骨至脚踝包裹一层白色薄绢，似贴身穿用长裙。脚穿绢袜一双，袜尖残破，鞋已不存。共同出土的还有以莲花火珠纹锦为饰的小菱点绮帕一块（M84:8）。暗红色绫枕（M84:1），长43厘米、宽25厘米。绫为三枚和六枚斜纹织成的同向绫，图案不清。白色圆领长袍（M84:2），袍领高4.3厘米，袖长约75厘米，衣长115厘米，但具体款式不很清楚。卷草纹白绫（M84:7，图4-10）长56厘米、宽44厘米，以白色卷草纹绫制成，组织为三枚和六枚斜纹织成的同向绫。一面有汉文墨书：“夫人信附男宰相李杠儿”，字顶端有一图形符号。另一面有于阗文墨书 *dī tsai syāṃ hīye*，意为“李宰相之物”，死者可能是当时的和田李姓王族人物[1]。锦饰绮帕，已

[1] 吉田豊:《コータン出土 8–9 世紀のコータン語世俗文書に関する覚え書き》，神户市外国语大学外国学研究所 2006 年，第 35、36 页。

图 4-10　卷草纹白绫

图 4-11　锦饰绮帕

残，残长22.5厘米、宽17厘米。其中的织锦装饰基本呈正方形，宽约13厘米。绮的四周均有细密卷边，而锦的两边蓝色编带镶边，最后合在一起，作为帕的系带。带长18厘米，局部打成装饰结，并钉有黄色丝线作为流苏（图4-11）。织锦采用斜纹纬重组织，是典型的辽式纬锦，经线白色，细而平直，纬线以紫红色作地，黄色、白色、浅蓝色三色显花。图案为莲花之上的火珠纹，素地，整个纹样高11.3厘米、宽7.9厘米。而帕的主体为小菱点绮，平纹地上以并丝组织显花。

第三节 阿拉尔

图 4-12 盘雕纹锦袍

阿拉尔位于新疆若羌县以东，在新疆、青海两地交界处，现归青海。1951年11月中旬，解放军驻新疆焉耆区若羌县阿拉尔部队在此发现一座墓室，内有一具男尸及两具马尸。出土时发现有箭囊一个，箭四十余杆，马鞍具两副，但未能保存下来。[1]墓中的纺织品和服饰保存较完好，有锦、绫、绢、刺绣、白毛毡、皮革等六类共47件，包括两件锦夹袍、两件丝质单袍和一顶锦帽。根据部分丝织物的品种、组织、图案风格并结合同墓出土的一只白瓷碗的形制和制作工艺，推断出该墓葬的年代大约为北宋至南宋绍兴年间。[2]

其中有两件保存较完好的锦袍，一件是盘雕纹锦袍，另一件是对羊孔雀纹锦袍。盘雕纹锦袍（图4-12）为交领、右衽、窄袖、收腰。袍长138厘米，通袖长192厘米，背后开衩，衩高70厘米。两袖口处各拼接一块对雀栏杆纹锦，袍领内侧镶一条四花飞雀浮纹锦。袍为夹袍，盘雕纹锦为面，浅

[1] 李遇春:《阿拉尔发现木乃伊》,《文物参考资料》1957 年第 2 期，第 83–85 页。
[2] 魏松卿:《考阿拉尔木乃伊墓出土的织绣品》,《故宫博物院院刊》1960 年第 2 期，第 153–156 页。

图 4-13　盘雕纹锦图案复原

棕色绢为里。盘雕纹锦为标准斜纹纬锦，黄色纬线为地，蓝绿色、白色、深褐色纬线显花。图案为簇四环形骨架，双层小联珠环内填连钱纹和四只置于圈内的小鸟。环内为一对相背而立雕，中间立一颗三叉花树。环形骨架相连处上下方为联珠四鸟，左右方为联珠四瓣花，环间空隙填一稍大些的联珠四瓣花（图4-13）。图案经向循环31厘米，纬向循环28.3厘米。对雀栏杆纹锦（图4-14）宽11厘米，为标准斜纹纬锦，图案为黄色、蓝色相间的条纹间排列对雀。四花飞雀浮纹锦为辽式斜纹纬锦（图4-15），棕色纬线为地，浅棕色、米色、蓝色纬线显花。团窠以一对四朵花卉间绕飞的雀鸟为中心，四周绕以细密的花卉。对羊孔雀纹锦袍的款式与盘雕锦袍非常类似，为交领、右衽、窄袖、收腰。袍长128厘米，通袖长199厘米，背后开衩65厘米（图4-16）。袍为夹袍，对羊孔雀纹锦为面，浅褐色绢为里。该锦袍的肩袖部也多次拼接。与盘雕锦袍不同的是，盘雕锦袍正面肩处没有水平的拼缝，而是由一整块

图 4-14　对雀栏杆纹锦

图 4-15　四花飞雀浮纹锦

图 4-16　对羊孔雀纹锦袍

图 4-17　锦袍面料图案复原

面料自前向后缝制，以至于锦袍背面的图案呈现倒置。对羊孔雀纹锦为标准斜纹纬锦，米色为地，橙色、黄绿色、宝蓝色和白色显花，其中白色和宝蓝色分区交替显花，但无循环规律。主题图案为双头孔雀、对羊。位于图案上方的孔雀呈开屏状，身体由变形锁子纹构成，展开的翅膀由四边形和六边形等几何形构成。孔雀颈部和翅膀上都装饰有联珠纹。两枝从对羊蹄下方朝孔雀头部伸展的藤蔓以及孔雀爪处的羊角状装饰将图案的上下部分连接起来（图4-17）。图案经向循环37.6厘米，纬向循环23厘米。此外还有一件楟蒲纹单袍，形制与锦袍相似，袍长127厘米，肩袖通长192厘米，袖口也接一段双雀栏杆锦。面料为三枚斜纹暗花绫，图案是以如意头与楟蒲纹组成的带状纹样。白色绢单袍的形制、尺寸均与楟蒲纹单袍相同。袍以白色素绢制成，腐朽严重。

墓中还出土了彩绣鸟兽纹方袱一块（图4-18），高58厘米、宽55.5厘米。以宝蓝色细绸为地，上面以红色、藏驼色、深绛色、黄色、橙黄色、绿色、蓝色等色丝线和金线用一种缠针绣法，在中央绣出一柿蒂窠，内置飞鸟和立鹿各两对，颠倒排列。方袱四边镶一圈约5厘米宽的对雀栏杆纹锦缘，四角作如意头状。锦缘于蓝绸芯相接处，压一道白色绳状边线。

丝织物残片除了一块紫绢和10块四花飞雀浮纹锦，还有其他锦若干。重莲团花纹锦（图4-19）残片9块，最大块长68厘米、宽47厘米，最小块长85厘米、宽16厘米。其中三块缝有白绸制成的蒜头式纽扣和纽襻，证明这9块原本可能属于一件衣物。该锦为斜纹纬锦，深蓝色地上以红色、米黄色和蓝

图 4-18　彩绣鸟兽纹方袱

图 4-19　重莲团花纹锦

图 4-20　球路双羊回纹锦

图 4-21　尖顶帽

色纬线显花。图案为两枝带叶莲花旋转对称构成的团花。球路双羊回文锦一块（图4-20），长33.5厘米、宽39厘米。斜纹纬锦，以黄色丝线为经线，纬线为藏驼色、秋香色和淡黄色丝线。图案风格与盘雕纹锦相似，簇四环形骨架相连处上下方为联珠四鸟，左右方为联珠四瓣花。环形骨架内填一对相向的对羊。环形中间的图案看起来类似于库法字体，但不知为何意。环间空隙填一联珠八瓣花。贝纹锦残片，长71厘米、宽25.5厘米。斜纹纬锦，红色地上显黄色贝纹。锦的一头与三条平金绣飘带相连，绣纹已经不能辨认。按这一残片的形制，可能是1957年《文物参考资料》报道中提到的男尸头戴的"红幞头"。[1]对羊孔雀锦袍的图案具有强烈的10—12世纪波斯和拜占庭图案风格。当时位于丝绸之路最西端的拜占庭的丝织技术达到了一个巅峰时期，图案风格受到了与它有着频繁贸易关系的波斯的影响，尤其是受波斯萨珊时期的动物纹样影响最为明显。该纹锦的图案虽然在构图上打破了传统的波斯萨珊图案的联珠形式，呈现带状条纹排列，但孔雀颈部和翅膀上的联珠纹以及其下方的对羊图案依旧具有强烈的波斯萨珊风格。

此外，还有一顶保存完好的尖顶帽（图4-21），高31.5厘米、宽44厘米。帽子主体部分的面料是彩条锦，上面缝一锥形白毡顶。帽口呈喇叭状，镶一圈棕色毛皮。[2]锦的图案为两种条纹间隔排列，一条为蓝绿色地上间以橙色的飞鸟和朵云，一条为橙色、白色和蓝绿条与白色圆点组合而成。

[1] 赵丰、王乐、王明芳：《论青海阿拉尔出土的两件锦袍》，《文物》2008年第8期，第66-73页。
[2] 新疆维吾尔自治区文物事业管理局：《新疆文物古迹大观》，乌鲁木齐：新疆美术摄影出版社1999年版，第36页。

第四节 喀 什

图 4-22 绿绢袍及其缂丝带局部

20世纪80年代喀什地区麦盖提县克力孜阿瓦提乡征集到三件喀拉汗王朝时期的绿绢袍，三件袍子的色彩、面料和形制几乎相同（图4-22）。袍窄袖收腰，交领斜襟，左右前片相同，可能穿着时左衽或者右衽均可。袍长130厘米，袖长110厘米。袖口、两肩、下摆、两前襟下方、左右前片中间和背部中央下方均饰有花卉纹缂丝边饰。袍内衬白色棉布，局部还保留夹棉。[1]缂丝带宽约6厘米，平纹地上用小梭子以通经回纬的方法织造而成。两侧分别是一条深褐色直线，上面等距离排列白色圆点。中间部分是花卉纹，橙红色地上以蓝色、深蓝色、浅蓝色、绿色、黄绿色、白色、深褐色等色显花。图案为二方连续，两朵侧俯视花卉纹一组，间以内置侧视花卉纹的深褐色方圆形。侧俯视花卉由花朵和向两侧伸展的枝叶组成，每一组形状相同，但配色不同；深褐色方圆形内的花卉则无规律变化。

[1] 新疆维吾尔自治区文物事业管理局等：《新疆文物古迹大观》，乌鲁木齐：新疆美术摄影出版社 1999 年版，第 271 页。

第五节　胜金口

胜金口石窟位于吐鲁番东38公里，地处火焰山南麓木头沟出山口处东岸一处河湾地内。1959年底清理寺院时，在2号房址内发现了一个漆绘木盒，内置一个锦袋，用以盛放舍利。袋长40厘米、宽30厘米，袋口用线钉着一条长约42厘米的白丝带。[1]锦袋面料采用5/1S斜纹，上面用黄色的纬浮长显花。图案的地为红色，纹样为飞凤、蛱蝶、云气以及绶带团窠，局部使用了绿色、粉色和白色纬线装饰绶带团窠（图4–23）。图案纬向循环约10厘米，经向循环约80厘米。这种斜纹地上以纬浮长显花的组织在11世纪的辽代织物中很常见，而图案的布局和纹样的风格更接近于回鹘时期的织物。[2]

[1] 沙比提·阿合买提：《吐鲁番胜金口附近佛庙遗址出土的文物》，《文物》1960年第5期，第86、87页。
[2] zhao Feng, Three Textiles from Turfan, *Orientations*, 2003(2), pp.25-31.

图 4-23　飞凤蛱蝶团花锦图案复原

图 4-24　植物花卉纹绗缝鞋

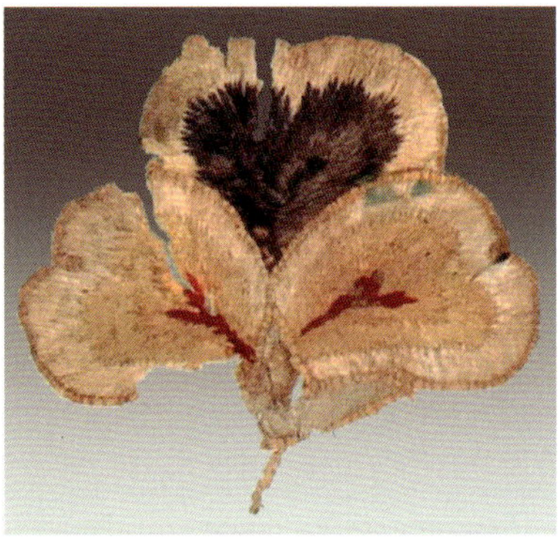
图 4-25　刺绣残片

2009年和2012年，新疆文物考古研究所先后两次对石窟区进行发掘，出土织物14件(组)，包括鞋、刺绣和绢画残片。挖掘出的鞋共12件(组)，尖头、平底、浅口，鞋身由两片缝合而成，使用的材料包括丝、棉、麻和皮革，有的鞋身上绗缝出植物花卉纹或者缝缀锦片(图4-24)。刺绣(09TS南：6)残存部分为一朵花的形状，三个花瓣采用浅黄色、土黄色和黄褐色丝线绣成，中间装饰红色的花蕊，轮廓为钉针绣，花瓣为平针绣(图4-25)。[1]

[1] 新疆文物考古研究所:《新疆吐鲁番胜金口石窟发掘报告》,《考古学报》2016年第3期，第385-416页。

第六节　盐湖（元代）

第三章第四节介绍了1970年在乌鲁木齐市南郊盐湖南岸天山发现的编号为二号墓的唐代墓葬，同时发现的另一座墓葬是元代的一号墓。一号墓内有一具棺，棺内尸体内穿棉布中单、裤，外套黄色油绢织金锦边袄子，足穿缂丝面牛皮里靴。随葬有弓、箭、箭箙、马鞍和铁镫等物。

黄色油绢织金锦边袄子出土时穿着于尸体上，除前胸朽烂外，其余部分基本完好。衣长124厘米，通袖长188厘米，腰围88厘米。袄子窄袖束腰，以米黄色油绢作面，粗白棉布衬里，腰部钉有30道由数股丝线扭结而成的“辫线”，共宽9.5厘米。在腰的右侧，每两根辫线并合成一根，有一细纽。由于前襟朽坏，如何开襟不明。袄子袖口、领及肩部有用织金锦做成的边饰，至今仍可见金线光泽。下摆由两片织物交叠围成，在腰部收成细褶。底襟及开衩部分同样有织金锦边饰。油绢是平纹组织，经密32根/厘米，纬密28根/厘米。织金锦都是小块，金线分片金和捻金两种。由片金织成的织金锦经线由丝线组成，与地纬交织的经线为单经，与纹纬交织的经线为双经。纬线由片金、彩色棉线和丝线组成，片金和彩色棉线作纹纬，丝线作地纬。片金宽0.5毫米，彩色棉线直径为0.6~0.75毫米。这些织金锦上的图案均不完整，可以辨认出窠状开光，窠内外密布穿枝花卉，窠外为缠枝莲，线条流畅，绚丽辉煌。由捻金织成的织金锦经线亦由丝线组成，单经与纹纬成一上三下斜纹，双经与地纬成平纹。纬线由两根平行的捻金线和一根棉线组成，捻金线作纹纬，棉线作地纬。纬线以捻金线显花，图案中比较醒目的部分是一人像，似为菩萨，眉毛修长，大眼，隆鼻小口，脸型略长，头戴宝冠，自肩至冠后有背光。

尸体脚上套一双尖头牛皮靴，靴筒高至膝盖，以牛皮为里，缂丝作面。缂丝并非完整一块，而是用若干小块缂丝拼缝制成，有紫色地粉色花、绿色花以及绿色地粉色花等（图4-26）。图案内容有杨柳枝叶、海棠花、梅花等，色彩鲜明，花纹自然生动。缂丝通经回纬，经线以两股丝线捻合而成，比较紧实，线直径为0.02毫米，纬线为单股丝线。经密为13根/厘米，纬密为38根/厘米。[1]

图4-26　缂丝残片

[1] 王炳华：《盐湖古墓》，《文物》1973年第10期，第28-36页。

第五章

新疆文书所见丝绸史料

丝绸之路开通之后，丝绸之路上主要的贸易物品之一是纺织品，而养蚕和丝织技艺也沿着丝绸之路由中原传入新疆直至西方，为人类文明做出了巨大贡献，丝绸之路沿线出土了大批纺织品实物，同时也出土了大量文献，除了汉文，还包括粟特文、于阗文、回鹘文和吐蕃文文献以及用婆罗米字母写成的印度语和吐火罗语文献。通过文书中的记载，我们可以了解这些丝织品的名称及丝绸之路沿线不同区域纺织品的品种、使用和生产情况，还原古代丝绸之路新疆段丝织业的实景。

第一节　吐鲁番

吐鲁番地区出土的文书，尤其是社会经济文书中有大量关于纺织品的记载（图5-1）。[1] 这些文书反映了吐鲁番地区从十六国到唐西州时期丝绸的品种、使用、生产以及贸易状况等。其中以记载墓主人随葬物品和服饰的衣物疏中的记载最为丰富，包括服饰名称、面料品种、色彩以及图案等信息。

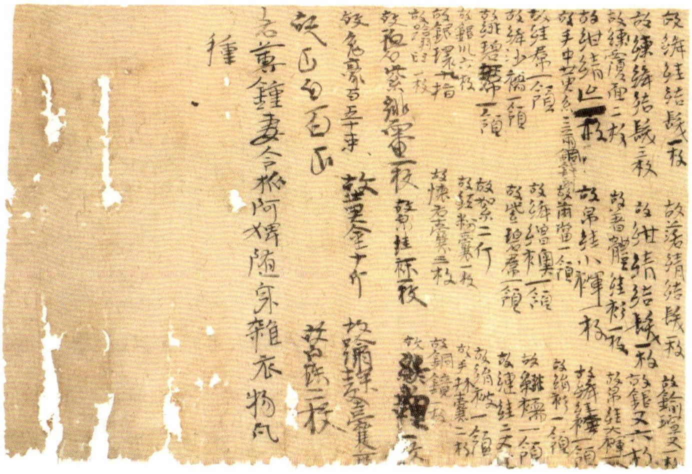

图 5-1　吐鲁番出土的文书

[1] 荣新江、李肖、孟宪实：《新获吐鲁番出土文献》（上），北京：中华书局 2008 年版，第 20 页。

文书中记载的丝绸品种很丰富，主要有帛、绢、练、绁、絁、绮、绫、罗、锦、缬、绣等，涉及织、染、绣三个门类。其中，帛、绢、练、绁、絁是平纹素织物。魏之前，帛是平纹素织物的通称。魏唐之际，绢（图5-2）渐渐也成为一般平素织物的通称，练是由生丝织造并煮熟脱胶后的平纹织物的通称，未经染色，柔软而洁白。绁是粗糙的平纹织物，经纬线油茧滓抽丝后加捻制成。絁是以交梭工艺织造的厚重平纹丝织物，用不同粗细的经纬线织成（图5-3）。绮和绫是单层提花织物，虽然在现代考古学的命名体系中绮是指平纹地上以斜纹显花的单层丝织物（图5-4），绫是斜纹地上以斜纹显花的单层丝织物（图5-5），但比对吐鲁番发现的考古实物和文书记载，这两种组织结构的织物都被命名为绫。不过吐鲁番绫织物上的斜纹多是采用并丝织法产生斜纹的效果，并不是真正意义上的斜纹织物。从明确发现的考古实物来看，直至唐代，才出现真正的斜纹绫。绮的名称在战国时期就已出现，是一类有花纹的丝织品。依据唐代史料中的记载，当时的绮应指以两种色彩的丝织成的丝织物，很可能是一种经纬异色的二色绫。[1] 纱和罗都是一种经纬线稀疏且织物上呈现小孔的轻薄丝织物，一般而言，凡经线起绞、纬线平行交织的织物均可称作纱罗织物。纱为两根经丝相互绞转而形成的方孔的织物，但一些稀疏的平纹组织往往也可被称为纱。纱组织与平纹或浮纹组织互为花地则形成暗花绞纱织物（图5-6）。罗织物主要为链式罗，又称无固定绞组罗，其中又以四经绞罗最为常见。既包括四经绞的素罗，也有以四经绞和二经绞组合暗花罗（图5-7）。锦指暗夹型重组织丝织物，将经线（或纬线）分成两组或更多组，使用夹纬及明纬（或夹经及明经）将其中一组现于织物正面显花而其余沉于背面的组织。当经线显花时为经重组织，是中国传统典型的织锦组织（图5-8）；当纬线显花时为纬重组织，是北朝至唐接受西方纺织技术影响的产物（图5-9）。

缬是一种防染印花技术的通称，包括绞缬、夹缬、蜡缬和灰缬。绞缬即今日所谓的扎染，是指按照一定规律用缝、扎等方法绞结丝织品，染色后再解去缝线或扎线以得到花纹的一种防染印花工艺及产品（图5-10）。夹缬以两块对称雕刻的夹版夹持织物进行染色，最后得到防染效果的图案（图5-11）。蜡缬是以蜡作为防染剂在织物上进行描绘，染色后得到防染效果的图案（图5-12）。灰缬的制作工艺与蜡缬相似，然而与蜡缬用蜡做防染剂不同，灰缬使用碱剂作为防染剂进行印花。由于唐代的碱剂以草木灰或石灰为

[1] 赵丰、王乐：《敦煌丝绸》，兰州：甘肃教育出版社2013年版，第82、83页。

图 5-2　绢组织图

图 5-3　绝组织图

图 5-4　绮组织图

图 5-5　绫组织图

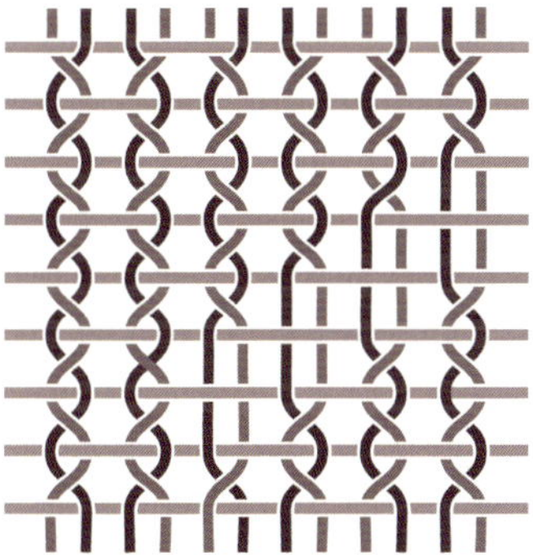
图 5-6　暗花纱组织图

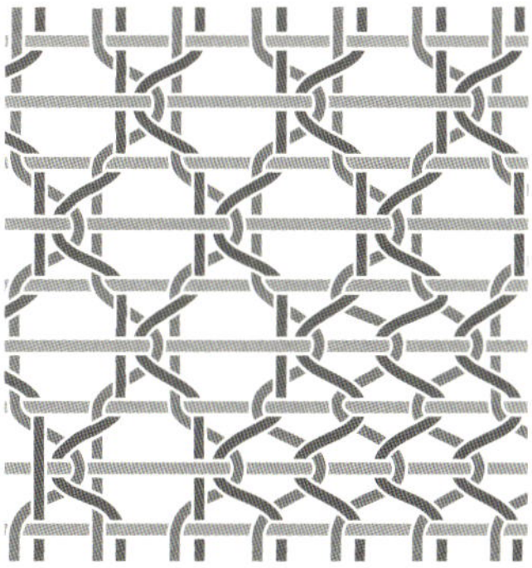
图 5-7　暗花罗组织图

图 5-8　平纹经锦组织图

图 5-9　斜纹纬锦组织图

图 5-10　阿斯塔那 85 号墓出土的绞缬绢

图 5-11　阿斯塔那 216 号墓出土的夹缬绢

图 5-12　阿斯塔那 85 号墓出土的蜡缬绢

主，所以唐代的碱剂印花也往往被称为灰缬（图5-13）。敦煌马圈湾汉代遗址中曾出土过一件类似绞缬的丝织品，但用于服饰的绞缬实物在魏晋时期的墓葬中才有较多的发现。[1]夹缬之名始见于唐代，《唐语林》中记载了夹缬的起源，据说是盛唐时玄宗柳婕妤之妹发明的，在唐宋时十分流行。[2]

绣是用针线在织物上下方穿绕形成图案的一种装饰方法，魏唐时期的绣主要包括锁针绣、劈针绣和平针绣。锁针的前针勾后针，形成一个个线圈，线圈相套形成线条，线条排列形成面。劈针属于接针的一种，在刺绣时后一针从前一针绣线的中间穿出再前行，从外观上看起来与锁针十分相似，它和锁针的最大区别就在于劈针的绣线直行而锁针的绣线呈线圈绕行，因此其技法比锁针要相对方便得多。平针是一种运针平直，依靠针脚的排

[1] 赵丰:《中国丝绸艺术史》，北京：文物出版社 2005 年版，第 84 页。

[2] “玄宗柳婕妤有才学，上甚重之。婕妤妹适赵氏，性巧慧，因使工镂版为杂花，象之而为夹结。因婕妤生日，献王皇后一匹，上见而赏之，因敕宫中依样制之。当时甚秘，后渐出，遍于天下，乃为至贱所服。”（宋）王谠《唐语林》卷四《贤媛》，北京：中华书局 1978 年版，第 149 页。

图 5-13　阿斯塔那 29 号墓出土的灰缬绢

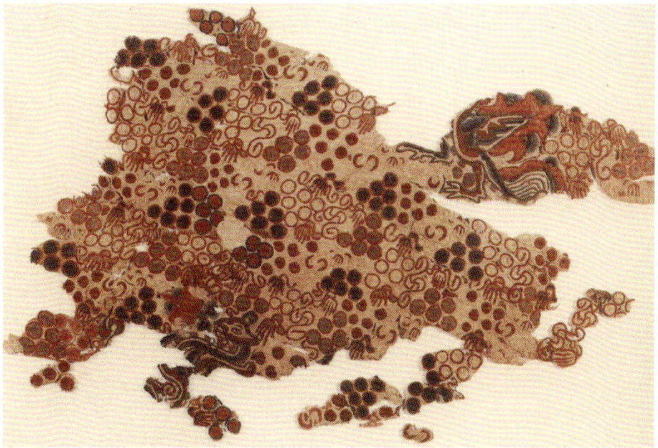

图 5-14　阿斯塔那 177 号墓出土的葡萄瑞兽纹刺绣

列方式进行变化的刺绣技法。中国的刺绣在汉晋时期基本上以锁针绣为主，锁针是出土汉晋丝绸刺绣实物的主流绣法；至北朝，劈针和平针开始出现并逐渐流行（图5-14）。

十六国时期吐鲁番文书中提及的织物品种较少，主要有绢、练、绁、絁，都是平素织物。高昌时期，文书中记载的丝织品种丰富起来，除了绢、练、絁，还出现了绮、绫、罗、锦、绣等，而缬这个字直到唐西周时期才出现在文书中。文书不仅记载了丝织物品种，还有一些更进一步的描述，如以地名命名的疏勒锦（75TKM90 : 20a）、丘慈锦（75TKM88 : 1b、75TKM99 : 6a）、钵（波）斯锦（75TKM90 : 29/1、72TAM173 : 1、72TAM170 : 9）、魏锦（72TAM170 : 9）等；根据织物规格不同而命名的大锦、中锦、大绫、小绫、大练、小练等；以图案来命名的树叶锦、合蠡文锦、合蠡大绫、石柱小绫、提婆锦、阳（羊）树锦、饮水马锦等。

以地名命名的锦多出现在高昌时期的文书中，疏勒为今新疆喀什，丘慈为今新疆库车，钵斯/波斯为今伊朗。出现魏锦的阿斯塔纳第170号墓文书的年代为543年，当时的魏分东魏、西魏，不过文书中的“魏”更可能指的是与高昌关系密切的西魏。以地名或国名命名的锦的产地有两种可能：一是以生产地命名；二是模仿某地或某国织物的图案风格。以地名命名的织锦中，疏勒锦、丘慈锦和钵（波）斯锦的计量单位为张，只有魏锦的计量单位为匹。中原地区的织锦自古以来就采用匹的规格，其幅宽一般在50厘米上下。以张为单位的锦在吐鲁番和敦煌文书中都有记载，其中哈拉和卓88号墓中出土的《北凉承平五年（506）道人法安弟阿奴举锦券》（75TKM88 : 1b）记录了丘慈中锦一张，长度为9尺5寸，幅宽为4尺5寸，折今长约238~285

厘米，宽113~135厘米。[1] 而另一件出自哈拉和卓99号墓的文书《义熙五年（409）道人弘度举锦券》（75TKM99 : 6b）中所提及的西向白地锦，其半张的尺寸为“长4尺广4尺”[2]，也就是说一张的长约为200~240厘米，宽约为100~120厘米。总结起来看，这种以张为单位的织锦幅宽在1米以上，长则在2米以上。

在新疆吐鲁番、楼兰和营盘等地公元4世纪末至公元5世纪初的墓葬中出土过一类平纹纬锦，经纬线均为手工纺成的丝绵线，Z捻。多为几何纹、仿汉式织锦图案及由人物、动物、各种树和树叶混杂的图案。织物规格为约1米宽、2米长的张。这种绵线纬锦应该是新疆当地的丝织产品，是随着丝织技术传入新疆后当地人民对中原地区的平纹经二重组织互换经纬线之后的一种摹仿。[3] 从吐鲁番发现的447年前后高昌地区的《计赀出献丝帐》和《计口出丝帐》说明至少到大凉高昌王国时期，高昌地区每户、每个纳税人丁都离不开丝绸，成为一个重要的丝织品供应地。[4] 当时高昌地区已经能够纺绵线，并用于生产疏勒锦、丘慈锦和钵（波）斯锦，这些以张为计量单位的织锦很可能是高昌工匠模仿其他地区艺术风格的产品；而以匹为计量单位的魏锦应该是产自中原的平纹经锦，很可能是经由西魏传入高昌的蜀锦。[5]

此外，在楼兰和营盘地区出土了一些宽度3厘米上下的锦绦，这应该就是《高昌永康十年（475）用绵作绵绦残文书》（75TKM90 : 34）中提到的用绵线制作的锦绦。此类锦绦采用的纱线是加有Z向强捻的绵线，但与绵线平纹纬锦相比较，更为精细和均匀，光泽更佳。组织结构采用的是中国内地传统的平纹经二重结构。由于锦绦织幅极窄，纹样多是极简单的几何纹和造型相近的瑞兽纹。[6]

吐鲁番文书中丝织物的记载很多，但明确提到织物纹样的并不多，其中出现次数最多的是树叶锦（60TAM313 : 07/2、60TAM313 : 07/2、72TAM170 : 7、72TAM170 : 9），阿斯塔那170号墓《高昌章和十三年（543）孝姿随葬衣物

[1] 记载了以张为织物单位的吐鲁番文书的年代为5世纪—7世纪初，当时的一尺约为25~30厘米。郭正忠：《三至十四世纪中国的权衡度量》，北京：中国社会科学出版社1993年，第227–234页。
[2] 唐长孺：《吐鲁番出土文书》（壹），北京：文物出版社，1992年版，第95页。
[3] 赵丰：《新疆地产绵线织锦研究》，《西域研究》2005年第1期，第51–59页。
[4] 荣新江：《丝绸之路就是一条“丝绸”之路》，收入赵丰主编《丝路之绸：起源、传播与交流》，杭州：浙江大学出版社2015年版，第16–22页。
[5] 吴震：《吐鲁番出土文书中的丝织品考辨》，收入新疆博物馆、奈良丝绸之路学研究中心编《吐鲁番地域与出土绢织物》2000年，第84–103页。
[6] 赵丰：《新疆地产绵线织锦研究》，《西域研究》2005年第1期，第51–59页。

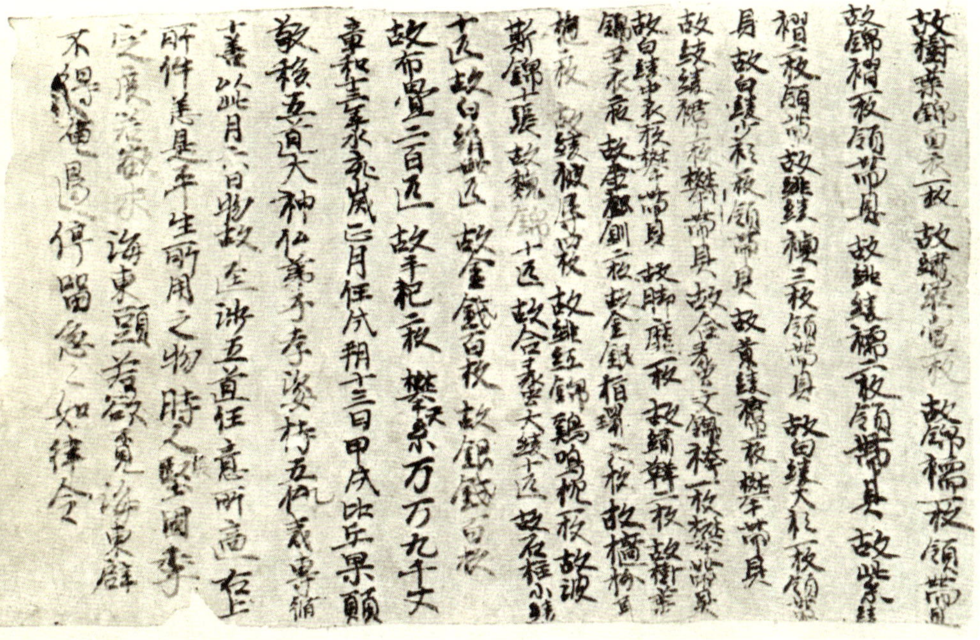

图 5-15 孝姿随葬衣物疏

疏》出现了树叶锦面衣和树叶锦丑衣，同墓《高昌章和十八年（548）光妃随葬衣物疏》（图5-15）[1] 中记载了树叶锦袴。而树叶纹锦在此墓中出土也是最多，目前所见有覆面锦芯（TAM170 : 11、TAM170 : 12、TAM170 : 30、TAM170 : 38、TAM170 : 69）、缠绕握木（TAM170 : 34、TAM170 : 42、TAM170 : 87）、手套（即文书中的丑衣，TAM170 : 45，TAM170 : 50）、裤（TAM170 : 58）和绢褥缘边（TAM170 : 85），实物跟文书中的记载基本吻合。树叶锦采用的是平纹经二重组织，一组经线为红色，另一组使用蓝色、绿色、白色、黄色四色进行交替织造。所以从正面看，它通常是在红地上作蓝色、绿色、白色、黄色的树叶排列。但在反面则看到的是在蓝色、绿色、白色、黄色的彩条上排列的红色的树叶纹（图5-16）。树叶纹是西域地区以及西方较为常见的装饰题材，在埃及安丁诺曾发现属于公元4—6世纪的波斯织物，其中有不少选用植物叶子作主题纹样的情况。[2] 此外，阿斯

[1] 唐长孺：《吐鲁番出土文书》（壹），北京：文物出版社 1992 年版，第 143 页。

[1] 赵丰、万芳、王乐、王博：《TAM170 出土丝织品的分析与研究》，收入新疆吐鲁番学研究院编《吐鲁番学研究：第三届吐鲁番学暨欧亚游牧民族的起源与迁徙国际学术研讨会论文集》，上海：上海古籍出版社 2010 年版，第 241–267 页。

图 5-16　树叶纹锦

塔那330号墓衣物疏（59TAM303 : 01）中也出现大树（叶）的记载，同墓出土了一块与170号墓树叶纹锦相似的残片（参见图3-11）。《高昌章和十八年（548）缺名随葬衣物疏》（60TAM313 : 07/2）中记录了“树叶锦五十长”，这里“长”字应该是误笔，有专家认为可能是“张”，也有可能是“丈”[1]。不过从出土实物结构为平纹经锦来看，更有可能是中原常用的长度单位“丈”，这也从另一件文书中记载的“柏树叶锦四十尺”（60TAM326 : 01/4）得到了印证。

阿斯塔那170号墓孝姿衣物疏中还录有“合蠡文锦袴一枚”“合蠡大绫十匹”，而在孝姿腿部发现了一条红地人面鸟兽纹锦裤，无疑就是文书中的“合蠡文锦袴”（图5-17）。该锦裤是墓中保存最为完好的一件大型服装，裤长104厘米，开裆，直裆长约36厘米。裤腿宽约32厘米，下部收口。裤的主要面料是红地人面

图 5-17　合蠡纹锦袴及局部

[1] 吴震:《吐鲁番出土文书中的丝织品考辨》，收入新疆维吾尔自治区博物馆、奈良丝绸之路学研究中心编《吐鲁番地域与出土绢织物》2000年，第95页。

图 5-18 合蠡纹锦图案复原

鸟兽纹锦（即合蠡纹锦，图5-18），裤裆处由蓝绢、绿色几何纹绮以及团窠卷云对兽对凤纹锦相间形成褶裥。合蠡纹采用平纹纬重组织，经纬丝线均较粗，夹经双根，加有较强的Z捻，其余丝线亦紧，但其捻度与捻向不是很明显。织锦通体在红色地上以黄色或白色，有时还有紫色显示纹样。其基本图案在用约5厘米的圆角方形线条构成的方格骨架中填以各种纹样，其中主要是人面和鸟兽纹，也有部分其他纹样。裤子使用的锦幅宽约65厘米，长约170厘米。一幅中应有方格12列，一列方格就是一个纬向图案循环，经向的长度上约有方格29行，各行之间的方格中填入不同的图案，其基本规律是每隔一行就有一行人面（或兽面）的纹样，其余是四行为一个单元，由上至下分别可能是对鹿、对狮、对孔雀和花瓶。但每一对鹿、狮、孔雀和花瓶的造型各不相同，因此这一图案在经向还是没有循环。[1]墓中并没有出土类似纹样的绫，故文书中的合蠡大绫的纹样与合蠡纹锦相同还是类似不得而知。同墓还出土了一块黄色绮（TAM170 : 25，图5-19），图案在长方形的框架内连续排列多处联珠，与楼堞图案中作为柱子的部分十分接近，也与唐代初期团窠双珠对龙纹绮中间的石柱十分接近，因此，我们推测这很有可能就是孝姿衣物疏中提到的“石柱小绫”。

“提婆”是梵文Deva的音译，意为天神，文书（67TAM84 : 20）中的提婆应指印度的神祇。提婆并不是一个具体的神名，而是一种通称，印度教中的湿婆和毗湿奴分别有过摩诃提婆和婆苏提婆的别称。吐鲁番哈拉和卓出土的小联珠双人侍坛锦（75TKM71 : 20，图5-20）和青海都兰出土的黄色地对波狮象人物锦都可能属于提婆锦。[2]

《高昌章和十八年（548）缺名随葬衣物疏》（60TAM313 : 07/2）中记录了“阳树锦五十长”，根据吴震的考证，此处的阳应为羊，那么从字面来看，此锦的图案应该包括羊和树。吐鲁番阿斯塔那出土过若干件相似的对鸟对羊灯树纹锦，均为平纹经锦（参见图3-28）。图案在纬线方向为倒置对称，从中央对称轴向两边依次为对鸟、灯树和对羊。对鸟口衔花叶，背后立一株葡萄树；灯树很高大，每棵树冠两侧各立一只鸟；一排大角羊相向或相背立于灯树下方，脖子系一根向后飘的绶带（图5-21）。阿斯塔那31号墓出土的类似的锦上还织有汉字“吉”（64TAM31 : 15）。从出土实物的组织为平纹经锦

[1] 王乐：《合蠡纹锦袴复原报告》，收入包铭新主编《西域异服——丝绸之路出土古代服饰复原研究》，上海：东华大学出版社2007年版，第109–115页。
[2] 赵丰：《中国丝绸艺术史》，北京：文物出版社2005年版，第139、140页。

图 5-19　石柱小绫

图 5-20　小联珠双人侍坛锦

图 5-21　对鸟对羊灯树纹锦图案复原

图 5-22　联珠对马纹锦

来推断，文书中的“长”应为“丈”。

吐鲁番阿斯塔那151号出土文书（72TAM151 : 51）中记载了用饮水马锦制作的枕头，同墓出土了一块联珠对马纹锦残片（72TAM151 : 17），长19.9厘米、宽15厘米。织物为斜纹经重组织，红色地上以白色、藏青色和褐色显花。图案为簇四联珠纹骨架，联珠内为一对相向立于花台上的翼马，马各有一前足腾起，作行走状，马头戴冠饰，颈部后方饰有两根飘带（图5-22）。虽然此锦上并没有看到饮水马纹，但阿斯塔那302号墓出土了一块非常类似的对马纹经锦（59TAM302 : 22，参见图3-10），图案同样采用簇四联珠纹骨架，但骨架内有两种马纹（图5-23）。这种翼马的原型应该是希腊神话中的珀伽索斯（Pegasus），它出现在东方的经锦上，可能是中国织工对西方纹样的模仿。

图 5-23　联珠对马纹锦图案复原

吐鲁番出土衣物疏中的记载通常反映的是墓主人的随葬服饰和物品，其往往是一些日常用品。一些墓葬，如阿斯塔那170号墓衣物疏所记载的服饰能与出土实物较好地吻合，但一些记载却明显夸大其辞，如孝姿衣物疏（72TAM170 : 9）中“故波斯锦十张，故魏锦十匹，故合蠡大绫十匹，故石柱小绫十匹，故白绢卌匹，故金钱百枚，故银钱百枚，故布叠二百匹”；光妃衣物疏（72TAM170 : 77）中“金钱十千，银钱百万，大锦千张，大练万匹，绵千斤，绢万束”；长史孝寅衣物疏（72TAM170 : 88）中“右杂锦百匹，……右绢七百匹，右绵六百斤，……右叠千五百匹”。三件衣物疏中，孝姿的衣物疏写得比较具体，夸张的程度不算很大；光妃的衣物疏最为夸张，织物的名称写得也很笼统，其织物和财产加起来的数额十分庞大。这种现象一直延续到唐代初期，高昌重光元年（620）的衣物疏中出现过“白绢千匹，被锦万张”（72TAM205 : 2）和“绫练各万段，被锦二百张，细锦万匹”（72TAM151 : 6）的记载。

这些数量庞大的纺织品应该不是真实记载，阿斯塔那383号墓中出土过一批小卷丝绸，应是衣物疏中大宗丝织品的替身，象征着随死者入葬的财富（图5-24）。湖北荆州的马山一号楚墓和凤凰山167号汉墓，都发现过丝绸碎片。长沙马王堆汉墓更是出土了盛有纺织品碎片的竹笥，根据与竹笥对应的木牌上的记载，这些碎片在当时的名称是聂币。[1]甘肃花海毕家滩M26出土

图 5-24　象征财富的小卷丝绸

[1] 湖南省博物馆、中国科学院考古研究所：《长沙马王堆一号汉墓》（上集），北京：文物出版社 1973 年版，第 113 页。

的升平十四年（377）大女孙狗女随葬衣物疏，其中一项是“故杂彩五百匹”。这件衣物疏中记录了大量真实的、墓主人穿过的衣服的名称和数量，墓中保存的丝绸服饰也是相对完好，一些主要的服装均可与衣物疏中的记载对应起来，但很明显，墓中不可能再有大量的其他丝绸，“杂彩五百匹”只会是一个虚拟的数量。[1]

把丝绸作为有价值的货币来用，是中国古代的一种传统。自《诗经·氓》中一开头写到的“氓之蚩蚩，抱布贸丝”开始，丝绸和纺织品就有了货币的功能。这种功能在汉唐之间成为国家的赋税而得以加强，在民间也将丝绸和纺织品作为大额的货币通用。为了死后的另一个世界，中国古人还将财富与死者一起埋入地下，其中就包括丝绸和纺织品。它们通常以两种形式出现，一种是实用的衣服、衾褥之类，是实物的财富，另一种是剪成极小极碎的纺织碎片，代表的是货币化的财富。

[1] 赵丰、王辉、万芳：《甘肃花海毕家滩 26 号墓出土的丝绸服饰》//《丝绸之路汉晋织物》，香港：艺纱堂 / 服饰出版 2008 年版，第 94–113 页。

第二节　楼兰、尼雅

楼兰、尼雅遗址发现的文书除了汉文，还有佉卢文、粟特文和婆罗迷文。文书的年代大多为东汉至十六国时期，当时的楼兰和尼雅均属鄯善国。楼兰出土的文书以汉文为主，而尼雅出土的文书中佉卢文占大多数。

与吐鲁番早期汉文文书相似，楼兰的汉文文书中涉及丝织品的记载非常简单，主要有绢、练、绫和綵，且都以匹作为计量单位。绢和练都是平纹素织物，绫在当时指平纹地上以斜纹显花的单层暗花织物，而綵则是彩色丝织物的统称。

与文书中的简单记载成鲜明对比的是，楼兰、尼雅出土的丝织品实物非常丰富，包括锦、绮、绢和刺绣。其中有一类锦非常有特点，而且为数不少，它们采用平纹经二重组织，丝线平整且不加捻。图案为云气、动物甚至是汉字组合而成的云气动物纹，这是汉代织锦中最具特色的主题图案之一。图案在经向的循环很小，多在5厘米上下。色彩丰富，通常在三色以上，且多分区显色，织物上能看到明显的纵向色彩分区。其排列方式很相似，云纹通常是通幅排列，作为图案的骨架，其间穿插鸟兽。云气动物纹中往往还穿插着汉字铭文，如"韩仁绣文衣右子孙无极""延年益寿大宜子孙""王侯合昏千秋万岁宜子孙"（图5-25）、"世毋极锦宜二亲传子孙""安乐绣文大宜子孙""五星出东方利中国诛南羌"（参见图2-27）等。

图 5-25 “王侯合昏千秋万岁宜子孙”锦图案复原

这些文字不仅反映了当时的社会思想、人们的信仰理念，而且有的可能还涉及到当时重大社会政治事件，因此具有很高的历史价值。一些学者认为汉晋时期新疆发现的此类织锦大多产自成都地区，为蜀锦[1]；不过从近年的考古发现来看，织造此类锦的织机除了多综多蹑的丁桥织机外，更有可能是类似于成都老官山汉墓出土的滑框式或曲柄连杆式多综织机。[2]

史料曾记载魏国生产“如意虎头连璧锦”[3]，而类似纹样的锦在新疆也发现不少。洛浦山普拉墓地曾出土一件环璧兽纹锦，涡状卷云中有璧、兽面和立鹿（92LS Ⅱ M2:50，图5-26）。[4] 兽面纹锦也常出现在汉晋时期楼兰、尼雅的墓葬中，兽多为虎、豹、牛和羊等，张口瞪目，以鼻梁为轴左右对称。它们与商周时期青铜器上的饕餮纹或许有着某种联系，两者有些相似，均为有首无身的动物形象，不过前者下方通常保留两只细小的前肢。璧是中国古代玉器，用于祭祀或者墓葬。丝织物上圆形的璧用组带串联起来，则形成连璧，连璧纹锦在新疆楼兰和叙利亚帕尔米拉都有发现。斯坦因在楼兰发现过两件兽面纹锦，其中一件上的兽面纹跟连枝灯、虎等纹样横向并列横贯通幅；另一件上织有双目圆睁、口大张的兽面，左右各立一只麒麟（参见图2-5、图2-6）。直到魏晋南北朝时期，兽面纹还能见于丝织物上。阿斯塔那170号墓孝姿衣物疏中提到的魏锦或许延续魏国织锦的风格。

相对于汉文文书，佉卢文文书中记载的纺织品名词更丰富一些。佉卢文

图 5-26　绛地环璧兽纹锦

[1] 武敏：《吐鲁番出土蜀锦的研究》，《文物》，1984 年第 6 期，第 70-80 页；王晨《从尼雅遗址出土汉锦特点谈蜀锦技艺》，《纺织科技进展》2016 年第 1 期，第 1-5 页。

[2] Zhao Feng et al., The earliest evidence of pattern looms: Han Dynasty tomb models from Chengdu, China, *Antiquity*, April 2017, pp. 360-374；罗群《成都老官山汉墓出土织机复原研究》，《文物保护与考古科学》2017 年第 5 期，第 26-32 页。

[3] “《魏文帝诏》曰：前后每得蜀锦，殊不相比，适可讶，而鲜卑尚复不爱也。自吾所织如意虎头连璧锦，亦有金薄、蜀薄来至洛邑，皆下恶。是为下工之物，皆有虚名。”李昉《太平御览（8）》卷 815，上海：上海古籍出版社 2008 年版，第 268 页。

[4] 赵丰：《丝路之绸》，杭州：浙江大学出版社 2015 年版，第 139 页。

图 5-27 楼兰出土汉文简牍

源自梵语Kharoṣṭhī，意为驴唇文，传为印度神话中的驴唇仙人所创。但从文字体系看，佉卢文其实是由腓尼基文的东方支系阿拉美文演变而来。[1]林梅村在《沙海古卷》一书中将文书分为国王敕谕、籍帐、信函、题记等十类，与纺织品相关的名词主要出现在籍帐中，其作为日常用品与当时人们的生活息息相关。他的另一篇文章《公元3世纪的西域纺织物》梳理了古鄯善国出土的佉卢文健陀罗语文书中与纺织品相关的词汇。[2]

文书中出现最多的与丝织品相关的名词是丝绸的统称paṭa或paṭṭa，虽然有时被翻译成绸缎，不过因为那个时期还没有缎组织出现，所以翻译成丝绸可能更合适。从楼兰、尼雅出土的实物来看，锦、绮、绢在当时都可能被称为paṭa。1928年伯格曼在楼兰的汉墓中发现一块写有佉卢文的织锦，经解读，上面的文字为siṃdhācāriyasa paṭa 20 20，意为“印度法师之绸缎40（匹）”。文书中还出现过与丝绸有关的记载aġiṣḍha和astarana，林梅村将其翻译成短丝绸，但其明确含义未知。楼兰出土的汉文简牍中有“短度綵”一词（图5-27），据孟凡人推测，短度是相对于长度而言，短度綵指一种长度相对较短的丝织物[3]，或许我们可以猜测短丝绸和短度綵之间有着某种联系。文书中的锦拼法很多，包括citra、cetra、citraga等，本义为“杂色或彩色”，可对应汉文文书中的“綵”；不过从楼兰、尼雅出土的大量织锦来看，也可为锦。根据林梅村的考证，palaġa varna或paliya[va]rnaġa为波斯锦，可能是波斯人用中国丝织成的某种纺织品，类似于吐鲁番文书中的钵（波）斯锦。更指出palaġa varna nutaṃna为波斯锦彩色丝毛混纺锦之类的织物，不过目前我们还没有在出土实物中发现丝毛混纺的织物。

根据读音，林梅村认为prigha可能是绫。“绫”的名称出现很早，常见于魏晋时期的史料，成书于西晋的《西京杂记》中记载：“（汉）霍光妻遗淳于衍蒲桃锦二十四匹，散花绫二十五匹，绫出巨鹿陈宝光家，宝光妻传其法，霍显召入其第，使作之。机用一百二十镊，六十日成匹，疋直万钱。”从这段文字中我们可以看出，汉代已经有绫的生产，有的绫机结构复杂，用其织出的绫是稀罕的产品且价格昂贵。楼兰出土汉文

[1] 林梅村：《沙海古卷：中国所出佉卢文书（初集）》，北京：文物出版社1998年版，第1–7页。
[2] 林梅村：《公元3世纪的西域纺织物》，《西域研究》1998年第1期，第9–20页。
[3] 侯灿、杨代欣：《楼兰汉文简纸文书集成》，成都：天地出版社1999年版，第135、136页。

书曾记录了用谷食与胡牛交换绫綵。[1] 从吐鲁番出土的实物和文书对照来看，当时的绫同时包括平纹地上以斜纹显花和斜纹地上以斜纹显花的丝织物；而从楼兰、尼雅的出土实物来看，当时的暗花丝织物几乎都为平纹地上以斜纹显花的织物，现在通常被称作绮。

文书Kh.318中的vidipanda译为刺绣，林梅村认为其指一种波斯刺绣，阿格华尔（R.Ch.Agrawala）则认为其来自印度。[2] 林梅村还猜测第318号文书中的suv'arna-dare与梵语suvarṇa（黄金）有关，指一种"由黄金织成的"织物。《后汉书·西域传》曾记载大秦国有："刺金缕绣、织成金缕罽、杂色绫"[3]，尉犁营盘汉晋墓葬中曾发现过贴有金箔的服饰，昭苏波马土墩墓曾出土钉缀金泡饰的刺绣残片（参见图1-2）。但从目前的考古发现来看，使用金线织造或刺绣的实物要到唐代才出现，青海都兰、陕西法门寺和甘肃敦煌都曾发现过唐代织金或者钉金的织物。其中都兰热水墓出土的龟甲纹织金锦带是中国国内发现的最早的加金织物，幅宽3.2厘米，纯金打造的金箔裁成的片金线作为显花的纬线。

[1] 林梅村：《楼兰尼雅出土文书》，北京：文物出版社1985年版，第57页。
[2] 杨富学、刘源：《佉卢文简牍所见鄯善国丝织品贸易》，《石河子大学学报（哲学社会科学版）》2017年第3期，第54页。
[3]（宋）范华撰、（唐）李贤等注：《后汉书》（第10册），北京：中华书局1965年版，第2919页。

第三节　和　田

和田地区出土的文书主要有汉文、于阗文以及汉文于阗文双语文书，年代为公元6—10世纪。汉文文书中出现有关丝织品的内容不多，主要是絺䌷和䌷，絺䌷对应的于阗文为thau（Hedin 15）或thauna（Hedin 46），pe'mīnaa-thau（Hedin 1）是絺䌷的于阗文全称。[1]絺的本意是细葛，䌷为一种粗糙的平纹织物，通常采用由茧丝抽取的丝絮加捻后纺成的绵线作为经纬线。[2]出现"絺䌷"的文书年代约公元7—8世纪，相当于于阗王尉迟曜统治时期。玄奘曾于公元7世纪上半叶逗留于阗，并在《大唐西域记》中记载于阗国"出氍毹细毡，工纺绩絁䌷"。[3]这里的絁䌷与文书中的絺䌷应为同一种织物。

于阗地区最晚在公元3世纪时就已掌握了蚕桑丝织技术[4]，而玄奘在《大唐西域记》中更是记录了一位东国公主在远嫁瞿萨旦那国时，偷偷将蚕种藏于帽中出关，将蚕桑技术传入于阗的传说。斯坦因在和田丹丹乌里克唐代遗址盗取的木板画恰好描述了这一故事（图5-28），画面中间头戴花冠的是

[1] 段晴：《于阗絁䌷，于阗锦》，收入《伊朗学在中国论文集》第五辑，上海：中西书局。

[2]《急就篇》颜师古注："抽引粗茧绪纺而织之曰䌷。"史游撰、颜师古注、王应麟补注、钱保塘补音《急就篇》，北京：商务印书馆1936年版，第123、124页。

[3] 季羡林：《大唐西域记校注》，北京：中华书局1985年版，第1021、1022页。

[4] 殷晴：《丝绸之路与西域经济——十二世纪前新疆开发史稿》，北京：中华书局2007年版，第162-168页。

图 5-28　传丝公主故事木板画

东国公主，右边的侍女正用织机织布，左边的侍女手指公主的头冠，似乎在告诉人们藏在头冠中的秘密；公主背后有一尊四只手臂的坐佛，手里握着刀、剪刀、线轴这些跟纺织相关的工具，可能是掌管蚕桑丝织的神。[1] 瞿萨旦那国得到蚕种后，逐渐开始了大规模蚕桑，为了得到更多的蚕种，王妃下令"蚕蛾飞尽，乃得治茧"[2]，所以于阗地区会用有洞的蛾口茧抽丝纺线，再用这些加捻的绵线上机织造。而中原地区通常先杀死蚕茧内的蛹再缫丝，所以经纬线为不加捻的长丝。敦煌文书S.4359上抄写的曲子词《谒金门·开于阗》就提到"开于阗，绵绫家家总满"，其创作年代很可能就在901年，为的是称颂敦煌的统治者打通了与于阗王国交往的道路，此后于阗的绵绫大量流入敦煌，使家家户户得到满足。[3] 在敦煌莫高窟，我们的确也发现过晚唐至五代时期的绵绫。[4]

虽然于阗的汉文文书没有出现有关锦的记载，但和田地区无论是汉晋时期的山普拉墓葬还是晚唐至宋初的布扎克墓葬中都出土了锦。此外，汉文史料中也出现过不少于阗锦的记载，《宋史·于阗传》载宋建隆二年（961）于阗贡胡锦[5]，这里的胡锦很有可能就是在于阗生产的。近年来，语言专家们破解了一个新的于阗文词汇：锦（thaunaka-），其构造由thauna絺细词缀ka而成。于阗语文书中絁细的计量单位为汉制的"匹""丈""尺""寸"；文书中大量出现的一种以"张"为单位的丝绸产品则应为锦，如Hedin 26 号文书

[1] M. A. Stein, *Ancient Khotan. Detailed Report of Archaeological Explorations in Chinese Turkestan*, Oxford: oxford at the Clarendon Press 1907, pp. 259, 260; pl. LXIII.
[2] 季羡林：《大唐西域记校注》，北京：中华书局 1985 年版，第 1021、1022 页。
[3] 荣新江：《绵绫家家总满：谈十世纪敦煌于阗间的丝织品交流》，收入包铭新主编《丝绸之路·图像与历史》，上海：东华大学出版社 2011 年版，第 40 页。
[4] 如编号为 MAS.861 的彩幡的红色绵绫幡身以及编号为 MAS.938 和 L:S.392 的黄色菱纹绫。赵丰主编《敦煌丝绸艺术全集·英藏卷》，上海：东华大学出版社 2007 年版，第 61、176 页。
[5]《宋史》卷四九〇《外国传》于阗条，北京：中华书局 1977 年版，第 14106 页。

中的thaunakä, Hedin13号文书中的thaunakā以及Or. 11252/28号文书中的thaunaka和thaunakāṃ。通过换算得知，在801年，一尺于阗锦的价格是绝䌷价格的7倍，可见当时于阗锦还是珍贵的，故于阗人曾将其作为朝贡品。[1]

布扎克墓葬的年代与史料中记载的于阗贡胡锦年代相仿，墓中出土了两件织锦。锦饰绮帕（M84:8，参见图4-11）上的莲花火珠纹织锦采用辽式斜纹纬重组织，从结构上判断，其产地应该不是于阗本地，很可能是中原地区传入。锦鞋（M70:3，参见图4-7）的面料为棕黄地心形几何纹锦（图5-29），采用斜纹纬重组织，经线Z捻，纬线无捻。其几何化的图案风格与同时期中原织锦上较为写实的花卉织物纹样风格迥异，很有可能是史料中的"于阗锦"。

图 5-29 心形几何纹锦图案复原

[1] 段晴：《于阗绝䌷，于阗锦》，收入《伊朗学在中国论文集》第五辑，上海：中西书局，待刊中。

结语

新疆发现的纺织文物研究

20世纪初外国人对我国西域进行的一系列“考察探险活动”的结果就是劫掠走了大批珍贵文物，当然也包括大量丝织品，但他们对于这些丝绸的研究却相对有限。斯坦因在《西域考古图记》[1]记录了第二次中国西部探险中劫走的丝织品的发掘情况，他的助手安德鲁斯（Fred H. Andrews）和罗里默（F. M. G. Lorimer）对每件织物做了较为详细的描述，并复原了部分织物的图案；《亚洲腹地》[2]一书对斯坦因第三次中国西部探险所盗掘的织物作了简要分析，对楼兰的织物做了较详细的图案复原和色彩说明；在研究了格伦威德尔和勒柯克从新疆带回的绢画后，德国的吕德尔（Heinrich Lüders）于1936年发表了《古代西域织物》（*Textilien im alten Turkestan*）。[3]

中华人民共和国成立后，随着西北地区科学考古中一系列纺织品的重大发现，我国学者对汉唐期间西域纺织品的研究开始起步。中华人民共和国成立初期，新疆地区尤其是吐鲁番阿斯塔那–哈拉和卓古墓群以及尼雅遗址的一系列重大发现成为了研究西域地区汉唐织物的契机。夏鼐是这一时期

---

[1] Aurel Stein, *Serindia*, Oxford：Oxford at the Clarendon Press, 1921.

[2] Aurel Stein, *Innermost Asia*, Oxford：Oxford at the Clarendon Press, 1928.

[3] Heinrich Lüders, *Textilien im alten Turkestan*, Abhandlungen der Preußischen Akademie der wissenschaften, Phil.-hist. Klasse Nr. 3, 1936, pp. 3-38.

的代表人物，他以实物资料为依据，结合中外文献史籍，并凭借自身深厚的考古学功底，开创了一种全新的染织史研究方式，并将中国古代染织史研究带入了一个新的阶段。1963年他发表了《新疆新发现的古代丝织品——织锦和刺绣》[1]一文，对尼雅发现的类似经斜纹组织、汉式组织、平纹经锦及汉代刺绣都作了详细的技术与艺术风格的分析，并通过古代中国与西亚纺织技术的比较揭示了古丝路上的古代中国与西方的文化交流和贸易往来；后又发表《吐鲁番新发现的古代丝绸》[2]，对1966—1969年阿斯塔那出土的前凉末年的织成履，北朝的套环“贵”字纹绮、蓝地兽纹锦，隋唐的“贵”字孔雀纹锦和带有波斯萨珊风格的联珠对鸭纹锦以及新出土的三件染缬的图案、工艺进行了详细分析。新疆维吾尔自治区博物馆的武敏接触和掌握着大量的实物资料，也对新疆古代的纺织品做了相当深入的研究。其《新疆出土汉——唐丝织品初探》[3]主要对1959—1960年阿斯塔那和尼雅出土的东汉至唐的织锦、绮、罗、绢、缣、刺绣和染缬的织物结构和图案风格做了详细分析；《吐鲁番出土丝织物中的唐代印染》[4]不仅对唐代所用染料进行了研究，还在印花织物中发现了碱剂印花的存在，将一大批原先鉴定为蜡缬的织物改正为碱剂印花产品，也被称为灰缬；《唐代的夹版印花——夹缬》[5]一文探讨了唐代夹缬的各种技术和花版；《吐鲁番出土蜀锦的研究》[6]则通过对织锦产地、蜀锦纹样特点、蜀地与高昌地区的商业交通等方面的考证，推断出阿斯塔那-哈拉和卓出土的八件隋唐期间的丝织品样本为蜀锦；另一本著作《织绣》[7]还发表了不少新整理出来的材料。其他基于新疆地区纺织品考古实物的研究主要还有：新疆维吾尔自治区博物馆的《“丝绸之路”上新发现汉唐织物》[8]介绍了1959—1969年在我国境内丝路沿线发现的丝织品，包括出土于甘肃武威和新疆民丰两地的汉代丝织物，出土于新疆于田、巴楚、吐鲁番的东晋至唐代的丝织物；陈娟娟的《新疆土鲁番出土的几种唐代织锦》[9]以1968年在新疆吐鲁番阿斯塔那北区第381号墓出土的唐代云头锦鞋鞋面“宝相花斜纹经锦”和鞋里“晕

---

[1] 夏鼐：《新疆新发现的古代丝织品——织锦和刺绣》，《考古学报》1963年第1期，第45-76页。
[2] 夏鼐：《吐鲁番新发现的古代丝绸》，收入夏鼐《考古论文集（外一种）下》，石家庄：河北教育出版社2000年版，第544-552页。
[3] 武敏：《新疆出土汉—唐丝织品初探》，《文物》1962年第7、8期，第64-75页。
[4] 武敏：《吐鲁番出土丝织物中的唐代印染》，《文物》1973年第10期，第37-47页。
[5] 武敏：《唐代的夹版印花——夹缬》，《文物》1979年第8期，第40-49页。
[6] 武敏：《吐鲁番出土蜀锦的研究》，《文物》1984年第6期，第70-80页。
[7] 武敏：《织绣》，台湾：幼狮文化事业公司1992年版。
[8] 新疆维吾尔自治区博物馆出土文物展览工作组：《“丝绸之路”上新发现汉唐织物》，《文物》1972年第3期，第14-19页。
[9] 陈娟娟：《新疆土鲁番出土的几种唐代织锦》，《文物》1979年第2期，第64-73页。

绯花鸟纹锦”以及“花鸟斜纹纬锦”为标本，对盛唐、中唐时期我国的织锦工艺进行了分析；王炳华的《盐湖古墓》[1]对乌鲁木齐市南郊盐湖南岸天山发现的两座分别为唐代和元代的墓葬中的纺织品和服饰做了形制、图案和组织分析；李文瑛的《营盘出土丝织品初探》[2]从品种、织造技术、图案和文化交流等角度分析营盘出土的丝织品；王博、王明芳等人的著作《扎滚鲁克纺织珍宝》[3]介绍了扎滚鲁克墓地纺织品的发掘和保护，并选取收录了一、二号墓地出土的86件包括丝织物和毛织物在内的纺织品，介绍它们的保存状况、色彩、图案和织造技术等信息；赵丰在论文《新疆地产绵线织锦研究》[4]中对人们所认为的新疆地产绵线织锦，包括平纹纬锦和绵线锦绦两个大类，做了包括色彩、图案、织物结构和规格等的分析研究，并依据这两种织物的织造特点，推断绵线锦绦应该是新疆当地人民最初的丝绸产品，而绵线纬锦则是进一步的模仿，模仿的图案既有来自东方的汉式织锦，也有来自西方的织物图案；赵丰、王乐、王明芳的《论青海阿拉尔出土的两件锦袍》[5]对1951年在新疆焉耆区若羌县阿拉尔出土的两件锦袍，尤其是对羊孔雀锦袍从面料图案、织造技术、服装款式、织物规格以及裁剪方式等方面进行分析考证，根据部分丝织物的品种、组织、图案风格推断出该墓葬的年代大约为北宋至南宋绍兴年间；在另一篇文章《和田布扎克彩棺墓出土的织物与服饰》[6]中，赵丰和王乐等人对和田地区博物馆收藏的出土于20世纪70年代的三具尸体上的服饰进行了款式和面料图案复原，并结合面料组织分析对织物产地和墓葬年代进行了推断。

丝绸图案不仅是一种艺术风格的体现，也反映出当时的织造工艺和其中的文化内涵。对中国古代西域丝织品的图案传承、演变和发展的探讨是丝织品研究的一个重要方面。赵华的《吐鲁番出土丝织品图案及其源流初探》[7]对吐鲁番高昌故城附近的阿斯塔那古墓群出土的前凉至唐中期的丝织品图案，包括几何纹、云气纹、花树对鸟对兽纹、联环纹、联珠纹、龙凤纹等的图案

[1] 王炳华：《盐湖古墓》，《文物》1973年第10期，第28–34页。
[2] 李文瑛：《营盘出土丝织品初探》，《吐鲁番学研究》2000年第2期，第26–38页。
[3] 王博、王明芳：《扎滚鲁克纺织品珍宝》，北京：文物出版社2016年版。
[4] 赵丰：《新疆地产绵线织锦研究》，《西域研究》2005年第1期，第51–59页。
[5] 赵丰、王乐、王明芳：《论青海阿拉尔出土的两件锦袍》，《文物》2008年第8期，第66–73页。
[6] 赵丰、王乐、万芳、李甍：《和田布扎克彩棺墓出土的织物与服饰》，收入赵丰主编《大漠联珠：环塔克拉玛干丝绸之路服饰文化考察报告》，上海：东华大学出版社2007年版，第90–99页。
[7] 赵华：《吐鲁番出土丝织品图案及其源流初探》，收入赵华编《吐鲁番古墓葬出土艺术品》，乌鲁木齐：新疆美术摄影出版社1992年版，第131–146页。

及其源流进行了初步探讨。这些图案对研究中国古代染织纹样的发展史、染织工艺的演进史、东西方经济文化的交流以及与其相关的中华民族传统文化的内涵等，都具有不可估量的重要价值。薄小莹的《吐鲁番地区发现的联珠纹织物》[1]以联珠纹锦、绮的纹样变化为主，织造工艺变化为辅，对吐鲁番地区出土的联珠纹织物进行分期，并在此基础上，进一步探讨这一地区联珠纹锦的归属问题。于志勇的《楼兰—尼雅地区出土汉晋文字织锦初探》[2]研究了楼兰—尼雅地区历次出土的近40余件文字织锦图案风格及织文，对确认这些织物的织造年代和产地、研究当时该地区的纺织工艺水平和社会经济文化、探索汉晋时期东西方文化交流有重要价值。研究认为文字织锦出现于西汉晚期，主要流行于东汉中后期至魏晋时期，文字内容可分为吉祥祈语、政治祈语、弘扬儒教教化及社会价值理念的祈语以及根据西域绿洲城邦或边疆民族的审美和功利目的而专门织造的汉语—胡语双语文字。赵丰在《唐代丝绸与丝绸之路》[3]《中国丝绸艺术史》[4]及《织绣珍品：图说中国丝绸艺术史》[5]等书中专门花了大量的篇幅来进行图案讨论，除了将丝绸图案按排列构成来分类，还讨论了中国产的织物图案主题的源流和演变。此外，他在文章《魏唐织锦中的异域神祇》[6]中探讨了最能反映当时中外文化交流广度和深度的异域神祇；在《树叶锦》[7]一文中详细分析了阿斯塔那出土的树叶锦的织物结构和图案风格，并结合出土文书对其名称进行了严谨的考证。

新疆出土了大量的文书，其间所见丝织品名丰富，也成为研究西域丝织品的重要材料。吴震的《吐鲁番文书中的丝织品考辩》[8]对吐鲁番出土文书所见丝织品名进行了举例和考辨，分类为锦、绮与绫、纱与罗、绢与练等，并得出古代高昌不仅是丝路必经之地，也曾是丝织品产地之一，丝路的盛衰与高昌的丝织业密切相关，高昌居民的丝织生产技术同时受到汉人和外来民族影响的结论。文章同时还特别指出：高昌锦不以“高昌”命名；文书中的波

[1] 薄小莹：《吐鲁番地区发现的联珠纹织物》，收入赵华编《吐鲁番古墓葬出土艺术品》，乌鲁木齐：新疆美术摄影出版社 1992 年版，第 147–176 页。
[2] 于志勇：《楼兰—尼雅地区出土汉晋文字织锦初探》，《中国历史文物》2003 年第 6 期，第 38–48 页。
[3] 赵丰：《唐代丝绸与丝绸之路》，西安：三秦出版社 1992 年版。
[4] 赵丰：《中国丝绸艺术史》，北京：文物出版社 2005 年版。
[5] 赵丰：《织绣珍品：图说中国丝绸艺术史》，香港：艺纱堂 / 服饰出版 1999 年版。
[6] 赵丰：《魏唐织锦中的异域神祇》，《考古》1995 年第 2 期，第 179–183 页。
[7] 赵丰：《树叶锦》，《中国纺织科技史资料》1983 年第 15 辑，第 57–63 页。
[8] 吴震：《吐鲁番出土文书中的丝织品考辩》，收入新疆维吾尔自治区博物馆、奈良丝绸之路学研究中心编《吐鲁番地域与出土绢织物》2000 年，第 84–103 页。

斯锦并非产自波斯。唐长孺的《吐鲁番文书中所见丝织手工业技术在西域各地的传播》[1]则把吐鲁番出土的绵经绵纬的织锦与文书中提及的丘慈锦和疏勒锦相联系。姜伯勤的《敦煌吐鲁番文书与丝绸之路》[2]根据敦煌和吐鲁番出土的文书，结合斯坦因、夏鼐等人的研究，对"波斯锦"进行了考证，同时还利用实物与文献论证比较了"胡锦""番锦""毛锦""粟特锦""赞丹尼奇锦"等称谓。通过对胡锦运往敦煌、吐鲁番、阿兰与欧洲的情况分析，发现粟特不仅是一个贩运中国丝绸的中心，在昭武九姓之安国赞丹纳村等地还有丝绸生产的中心；粟特人不仅把中国丝绢自敦煌、吐鲁番运出，也把粟特锦亦即所谓胡锦行销到敦煌、吐鲁番。在吐鲁番阿斯塔那-哈拉和卓古墓群中，还出土了不少魏晋南北朝的随葬衣物疏，它们对研究这一时期高昌地区的政治、经济、文化、宗教和社会习俗有十分重大的价值。钱伯泉的《吐鲁番出土魏晋南北朝时期的随葬衣物疏研究》[3]对该段时期的衣物疏作了分期研究，提出随葬衣物疏的渊源、其反映的丝绸之路贸易情况、高昌的纺织印染业以及从随葬衣物疏看高昌佛教流行的过程。赵丰、万芳、王乐等人的《TAM70出土丝织品的分析与研究》[4]整理了吐鲁番阿斯塔那170号墓出土丝织品的考古发掘原始档案，在分析研究出土丝织品的基础上将实物与随葬衣物疏中的记载进行比较，得出最为真实的文书研究结果。林梅村的《公元3世纪的西域纺织物》[5]一文全面调查了鄯善国古城址出土的佉卢文健陀罗语文书，通过考证文书中出现的纺织品原料、种类及相关词汇研究公元3世纪左右的西域纺织品，并推断古代中国与印度和波斯在纺织品方面进行的经济文化交流情况。杨富学、刘源的《佉卢文简牍所见鄯善国丝织品贸易》[6]在整理古鄯善国出土的20件与丝织品有关的佉卢文简牍的基础上，归纳其中与丝织品相关的词汇，并勾勒出公元3—4世纪丝织品在鄯善国的贸易和流通状况。此外，段晴还从历史语言的角度，通过对"锦""织户"等于阗语汇的破解，还原了古于阗丝织业的实景。[7]

[1] 唐长孺：《吐鲁番文书中所见丝织手工业技术在西域各地的传播》，收入文化部文物局古文献研究室编《出土文献研究》，北京：文物出版社1985年版，第146-151页。

[2] 姜伯勤：《敦煌吐鲁番文书与丝绸之路》，北京：文物出版社1994年版。

[3] 钱伯泉：《吐鲁番出土魏晋南北朝时期的随葬衣物疏研究》，《吐鲁番学研究》2001年1期，第21-35页。

[4] 赵丰、万芳、王乐、王博：《TAM170出土丝织品的分析与研究》，收入新疆吐鲁番学研究院编《吐鲁番学研究：第三届吐鲁番学暨欧亚游牧民族的起源与迁徙国际学术研讨会论文集》，上海：上海古籍出版社2010年版，第241-267页。

[5] 林梅村：《公元3世纪的西域纺织物》，《西域研究》1998年第1期，第9-20页。

[6] 杨富学、刘源：《佉卢文简牍所见鄯善国丝织品贸易》，《石河子大学学报（哲学社会科学版）》2017年第3期，第52-60页。

[7] 段晴：《于阗绝䌷，于阗锦》，收入《伊朗学在中国论文集》第五辑，上海：中西书局，待刊中。

附录

（一）新疆出土丝绸文物表*

绢地凤鸟纹刺绣
XB14075
战国
18cm×16cm
技法：绢、锁针绣
出土地：阿拉沟28号墓

刺绣袋
34:66　汉晋　袋高8.5cm
技法：绮、锁针绣　出土地：楼兰34号墓群

方形刺绣
35:17
汉晋
9cm×9cm
技法：绮、锁针绣
出土地：楼兰35号墓

锦袋
35:18　汉晋　高17cm
技法：平纹经锦　出土地：楼兰35号墓

织成履
35:19　汉晋　长23cm
技法：绞编　出土地：楼兰35号墓

花卉纹锦
L.A.VI.ii.0045.b
汉晋
2.9cm×4.5cm
技法：平纹经锦
出土地：楼兰

菱格纹锦
L.C.01
汉晋
40.5cm×18cm
技法：平纹经锦
出土地：楼兰

“韩仁绣文衣右子孙无极”锦
L.C.07.a　汉晋　71cm×22.5cm　幅宽47.5cm
技法：平纹经锦　出土地：楼兰

* 本表收录了新疆出土的有图片且信息较为完整的丝绸文物。

“登高明望四海”锦

L.C.08

汉晋

33cm × 15cm

技法：平纹经锦

出土地：楼兰

兽头锦

L.C.ii.01

汉晋

20.3cm × 11.4cm

技法：平纹经锦

出土地：楼兰

几何纹锦

L.C.ii.05.a

汉晋

9.5cm × 5.4cm

技法：平纹经锦

出土地：楼兰

云气纹锦

L.C.iii.02

汉晋

25.5cm × 6.2cm

技法：平纹经锦

出土地：楼兰

云气动物纹锦

L.C.iii.017

汉晋

45.7cm × 30.5cm

技法：平纹经锦

出土地：楼兰

纹样丝绸残片

L.C.x.04

汉晋

最大片 24.8cm × 9.8cm

技法：平纹经锦

出土地：楼兰

菱格纹锦

L.C.v.027.b　汉晋　19.7cm × 7.6cm

技法：平纹经锦　出土地：楼兰

“延年益寿大宜子孙”锦

80MB2:32，80MB2:37

汉晋

37.5m × 24.5cm

技法：平纹经锦

出土地：楼兰孤台墓地

"延年益寿"锦
80MB2:33
汉晋
25.3cm × 22cm
技法：平纹经锦
出土地：楼兰孤台墓地

"长乐明光"锦
80MB2:44
汉晋
26cm × 11cm
技法：平纹经锦
出土地：楼兰孤台墓地

"长寿明光"锦　80MB2:45　汉晋
37cm × 22.5cm
技法：平纹经锦　出土地：楼兰孤台墓地

"望四海贵富寿为国庆"锦
80MB2:42　汉晋　34.4cm × 22.8cm
技法：平纹经锦　出土地：楼兰孤台墓地

"永昌"锦
80MB2:38
汉晋
53.4cm × 15cm
技法：平纹经锦
出土地：楼兰孤台墓地

"广山"锦　80MB2墓
汉晋　15cm × 9.5cm　技法：平纹经锦
出土地：楼兰孤台墓地

对兽纹锦　80MB2墓
汉晋　23.5cm × 10cm
技法：平纹经锦 出土地：楼兰孤台墓地

鹿纹锦　80MB2墓
汉晋　42cm × 8cm
技法：平纹经锦 出土地：楼兰孤台墓地

茱萸纹锦 80MB2墓
汉晋 15cm × 7.5cm
技法：平纹经锦 出土地：楼兰孤台墓地

对羊纹锦 80MB2墓
汉晋 11.5cm × 4.5cm
技法：平纹经锦 出土地：楼兰孤台墓地

鱼蛙纹锦
80MB2墓
汉晋
19.2cm × 5.2cm
技法：平纹经锦
出土地：楼兰孤台墓地

"续世"锦 80MB2墓
汉晋 26cm × 13cm 技法：平纹经锦
出土地：楼兰孤台墓地

兽纹锦
80MB2墓
汉晋
19cm × 11cm
技法：平纹经锦
出土地：楼兰孤台墓地

几何纹锦
80LBMB2墓
汉晋
10cm × 7.5cm
技法：平纹经锦
出土地：楼兰孤台墓地

波纹锦
1979年1号墓
汉晋
10cm × 14cm
技法：平纹经锦
出土地：楼兰平台墓地

菱格动物纹绮
80MB2:76
汉晋
19cm × 7.5cm
技法：汉式绮
出土地：楼兰孤台墓地

杯纹兽面纹绮
80MB2:77　汉晋　16.4cm × 6.7cm
技法：汉式绮
出土地：楼兰孤台墓地

半袖袍
03LM1:1
汉晋
衣长88cm，
通袖长（残）64cm
技法：绢、绮
出土地：楼兰LE北壁画墓

长袖短衣
03LM1:2　汉晋　衣长53cm，通袖长153cm
技法：绢　出土地：楼兰LE北壁画墓

彩绘绢衫
03LM1:3
汉晋
衣长120cm，通袖长190cm（复原）
技法：绢、彩绘
出土地：楼兰LE北壁画墓

长袖绢袍
03LM1:5
汉晋
衣长137cm，
通袖长168cm
技法：绢、贴金
出土地：楼兰LE北壁画墓

刺绣手套
03LM1:6
汉晋
18.8cm × 11.4cm
技法：绢、锁绣
出土地：楼兰LE北壁画墓

几何纹绮
03LM1:14
汉晋
5.4cm × 1.5cm
技法：绮
出土地：楼兰LE北壁画墓

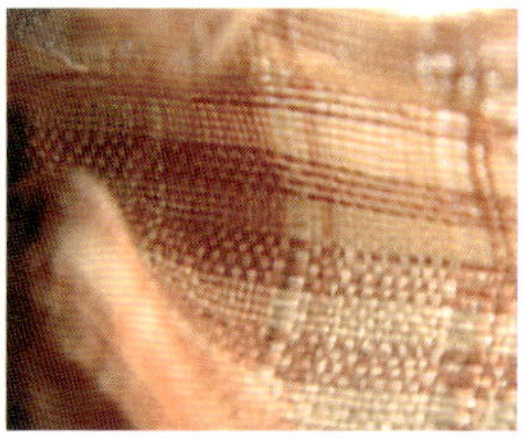

格子纹绢
06LE I C:1
汉晋
32.5cm × 24cm
技法：绢
出土地：楼兰高台遗址

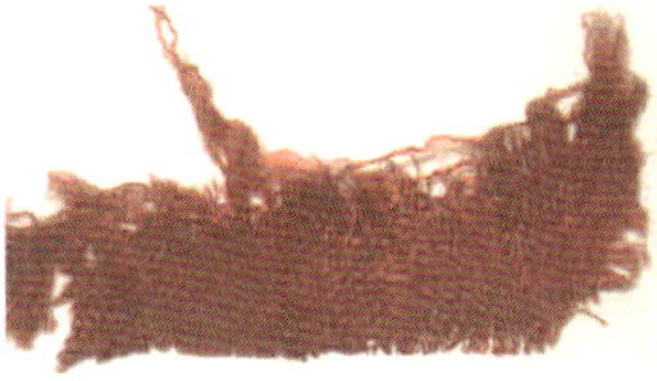

红色方纹绫　06LE I C:2　汉晋　11.5cm×2cm
技法：绫
出土地：楼兰高台遗址

白色方纹绮
06LE I C:3
汉晋
26cm×21.5cm
技法：绮
出土地：楼兰高台遗址

“延年益寿大宜子孙”锦手套
59MNM1墓
汉晋
24cm×12cm
技法：平纹经锦
出土地：尼雅

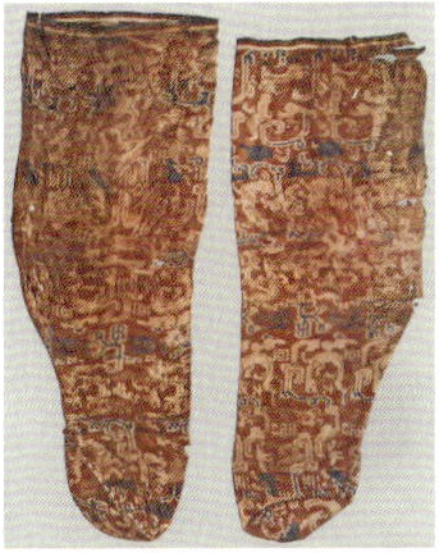

“延年益寿大宜子孙”锦袜
59MNM1墓
汉晋
45.5cm×17.5cm
43.5cm×17.3cm
技法：平纹经锦
出土地：尼雅

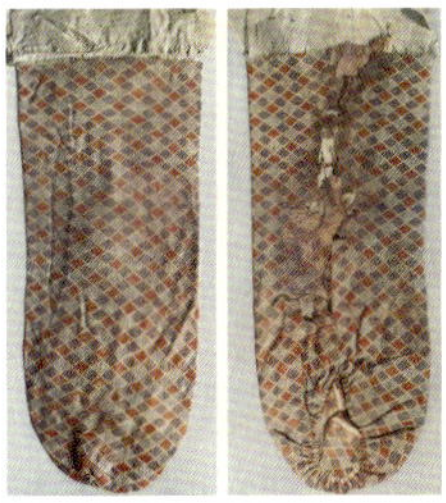

菱纹“阳”字锦袜
59MNM1墓
汉晋
39cm×14cm
技法：平纹经锦
出土地：尼雅

“延年益寿大宜子孙”锦鸡鸣枕
59MNM1墓　汉晋
长50cm，宽9cm，高13.5cm
技法：平纹经锦　出土地：尼雅

“万世如意”锦袍
59MNM1墓
汉晋
衣长122cm，
通袖长174cm
技法：平纹经锦
出土地：尼雅

云纹刺绣袜带
59MNM1墓　汉晋
22.2cm×4.4cm　连绢带长130cm
技法：绢、锁绣　出土地：尼雅

云纹刺绣粉袋

59MNM1墓　汉晋　长13cm，宽12cm，高6.2cm

技法：绢、锁绣　出土地：尼雅

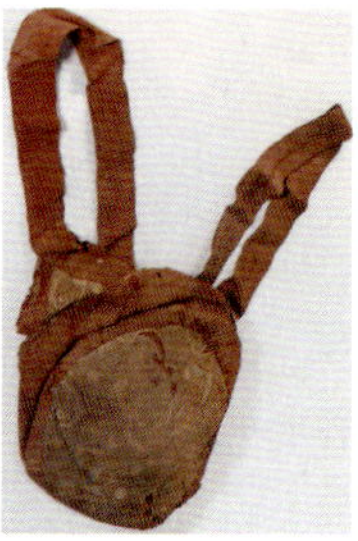

花草纹刺绣镜袋

59MNM1墓

汉晋

袋直径12cm，

绢带20cm × 6cm

技法：绢、锁绣

出土地：尼雅

葡萄纹绮

59MNM1墓

汉晋

40cm × 51cm

技法：汉式绮

出土地：尼雅

树叶杯纹绮

59MNM1墓　汉晋

8.5cm × 13.5cm

技法：汉式绮　出土地：尼雅

龙凤兽面纹绮

59MNM1墓

汉晋

16cm × 17.5cm

20cm × 17cm

技法：汉式绮

出土地：尼雅

"金池凤"香囊

95MN1M1:18

汉晋

11.5cm × 11.2cm

技法：平纹经锦、绢

出土地：尼雅

"韩侃吴牢锦友士"锦枕套

95MN1M1:30　汉晋　34.5cm × 16.8cm

技法：平纹经锦　出土地：尼雅

锦饰绢手套

95MN1M1.42　汉晋　33.8cm × 15.2cm

技法：平纹经锦、绢　出土地：尼雅

镜袋
95MN1M3:12
汉晋
直径15cm
技法：锦、绢
出土地：尼雅

"王侯合昏千秋万代宜子孙"锦被
95MN1M3:24
汉晋
168cm × 94cm
技法：平纹经锦
出土地：尼雅

"世毋极锦宜二亲传子孙"锦覆面
95MN1M3:25
汉晋
53cm × 35cm
技法：平纹经锦、绢
出土地：尼雅

茱萸纹锦覆面
95MN1M3:26
汉晋
64cm × 58cm
技法：平纹经锦、绢
出土地：尼雅

黄蓝方格纹锦袍
95MN1M3:40
汉晋
衣长122cm，
通袖长225cm
技法：平纹经锦、绢
出土地：尼雅

红蓝菱格头巾
95MN1M3:41
汉晋
186cm × 25cm
技法：双层斜编
出土地：尼雅

人物禽兽纹锦
95MN1M3:43　汉晋
技法：平纹经锦
出土地：尼雅

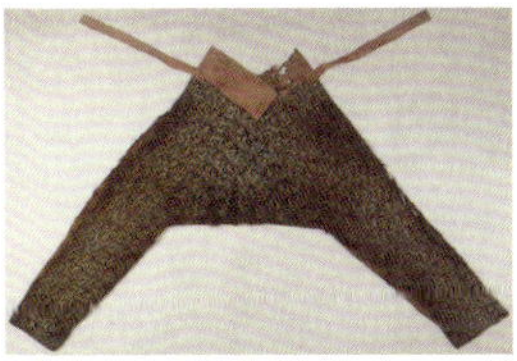

"长乐大明光"锦女裤　95MN1M3:47　汉晋
裤长118cm，裤脚宽20.0cm
技法：平纹经锦、绢
出土地：尼雅

帛鱼　95MN1M3:49　汉晋
长13cm
技法：平纹经锦、绢　出土地：尼雅

“世毋极锦宜二亲传子孙”锦手套
95MN1M3:51
汉晋
34cm×16cm
技法：平纹经锦、绢
出土地：尼雅

红罽绣花“延年益寿长葆子孙”锦靴
95MN1M3:53
汉晋
30cm×20cm
技法：平纹经锦、罽
出土地：尼雅

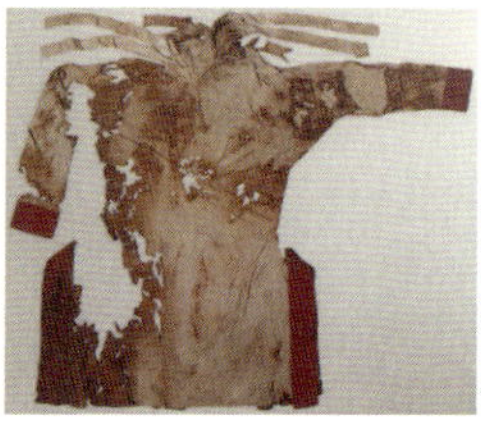

高领菱格绮套衫
95MN1M3:58
汉晋
衣长115cm，通袖长198c
技法：绢、汉式绮
出土地：尼雅

风头形绢帽　95MN1M5:12　汉晋
直径18.8cm，高84cm
技法：绢
出土地：尼雅

“延年益寿长葆子孙”锦
95MN1M8墓　汉晋
技法：平纹经锦
出土地：尼雅

“安乐绣文大宜子孙”锦
95MN1M8墓　汉晋
技法：平纹经锦
出土地：尼雅

“安乐如意长寿无极”锦枕
95MN1M8:29　汉晋　23cm×14cm
技法：平纹经锦　出土地：尼雅

"五星出东方利中国"锦护臂　95MN1M8:15
汉晋　18.5cm × 12.5cm，带长 21cm
技法：平纹经锦、绢　出土地：尼雅

"千秋万岁宜子孙"锦枕
95MN1M8:35　汉晋　37cm × 13.5cm
技法：平纹经锦　出土地：尼雅

云气人物纹锦帽
95MN1M8:49
汉晋
30cm × 24cm
技法：平纹经锦、绢
出土地：尼雅

高领青边黄绢套衫
95MN1M8:50
汉晋
衣长 125cm，
通袖长 200cm
技法：绢
出土地：尼雅

锦袋帛鱼
95MN1M8:52、53
汉晋
锦袋 12.5cm × 10cm
技法：平纹经锦、绢
出土地：尼雅

栉袋
95MN1M8:55
汉晋
12cm × 10cm
技法：平纹经锦、绢
出土地：尼雅

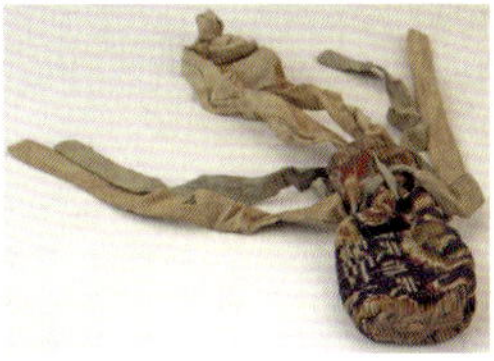

"元和元年"鹿纹锦囊
N14 西北部一区被盗墓　汉晋
囊袋 12cm × 5.5cm，绢提带长 42cm
技法：平纹经锦、绢　出土地：尼雅

龙凤纹织锦袋残片
84LS I M01:47　汉晋
6.5cm × 12cm
技法：平纹经锦　出土地：山普拉

梳镜袋
84LS I M01:142　汉晋　17cm × 8.5cm
技法：平纹经锦、绢、毛布、毡
出土地：山普拉

蔓草纹刺绣护颌罩
84LS I M01:210
汉晋
14.2cm × 8cm
技法：绢、锁绣
出土地：山普拉

梳镜袋
84LS I M02:89　汉晋　21cm × 10cm
技法：平纹经锦、绢、绮、毛布
出土地：山普拉

针线袋
84LS I M10:16
汉晋
13.5cm × 8.2cm
技法：绢、毛布、毡
出土地：山普拉

蔓草纹刺绣护颌罩　84LS I M24:27-4
汉晋
通长70cm，罩长17cm，宽8.7cm
技法：绢、锁绣　出土地：山普拉

菱格、四叶草纹锦护颌罩
84LS I M24:36-1
汉晋
通长18.5cm，罩长12cm，宽7cm
技法：平纹经锦、绢
出土地：山普拉

锦枕
84LS I M48:6
汉晋
33cm × 21cm
技法：平纹经锦、绢
出土地：山普拉

绢枕　84LS I M49:22c　汉晋
19cm × 5.4cm　技法：绢　出土地：山普拉

“宜吉”锦枕
84LS I M49:35　汉晋　23cm × 16cm
技法：平纹经锦、绢　出土地：山普拉

棕色绢地刺绣护颌罩
84LS I M49:46-1　汉晋　罩长9.8cm，宽7cm
技法：绢、锁绣　出土地：山普拉

蔓草纹刺绣护颌罩
84LS I M49:65-1　汉晋　8.9cm × 4.8cm
技法：绢、锁绣　出土地：山普拉

刺绣护颌罩
84LS I M49:73
汉晋
8cm × 7cm
技法：绮、绢、锁绣
出土地：山普拉

刺绣绢衣残片
84LS I M49:75b　汉晋　尺寸不明
技法：绢、锁绣　出土地：山普拉

绮枕　84LS I M49:78i　汉晋
通长54cm　枕部绮25cm × 21cm
技法：绮、绢　出土地：山普拉

织锦护颌罩
84LS I M49:103-1
汉晋
10cm × 8cm
技法：平纹经锦、绢、锁绣
出土地：山普拉

绢鸟　84LS I M49:143-1、2　汉晋
均长5.5cm，高1.7cm
技法：绢　出土地：山普拉

绢鸟　84LS I M49:143-3　汉晋
长4.8cm，高1.6cm，尾长3.5cm
技法：绢　出土地：山普拉

菱格纹护颌罩锦面
84LS I M49:148P　汉晋　9.8cm × 8cm
技法：平纹经锦、绢
出土地：山普拉

锦枕　84LS I M49:148p　汉晋
通长67cm　枕部锦25cm × 25cm
技法：平纹经锦、绢　出土地：山普拉

蓝地菱格纹锦
84LS I M49:151
汉晋
11.5cm × 11.5cm
技法：平纹经锦
出土地：山普拉

蔓草纹刺绣绢枕　84LS I M50:1　汉晋
长34cm，宽16cm，高28cm
技法：绢、锁绣　出土地：山普拉

绛地环壁兽纹锦
92LS Ⅱ M2:50　汉晋　32.5cm × 9.3cm
技法：平纹经锦
出土地：山普拉

绢扇
92LS Ⅱ M3:58
汉晋
扇面17cm × 12.5cm
技法：绢
出土地：山普拉

绿绢双头鸟纹刺绣
96QZIM49:9
晋—北朝
32cm × 38.5cm
技法：绢、锁绣
出土地：扎滚鲁克

水草立鸟纹锦
96QZIM51:2
晋—北朝
48.5cm × 30.5cm
48cm × 18.3cm
24cm × 6cm
技法：平纹经锦
出土地：扎滚鲁克

绿地花树纹锦
96QZIM52:5　晋—北朝　16.7cm × 3.4cm
技法：平纹经锦　出土地：扎滚鲁克

蓝地几何动物纹锦
96QZIM54:3-2
汉晋
13.7cm × 10.4cm
技法：平纹经锦
出土地：扎滚鲁克

“（延）年益寿大宜子孙”锦
96QZIM60:2
晋—北朝
51cm × 40cm
技法：平纹经锦
出土地：扎滚鲁克

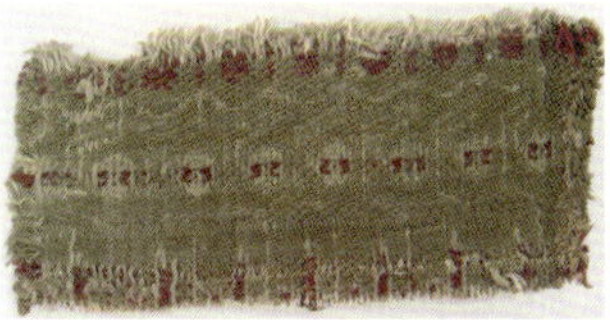

黄棕地几何曲折纹锦
98QZIM73:1-4
晋—北朝　3.5cm × 7.8cm
技法：平纹经锦　出土地：扎滚鲁克

红地植物纹锦绦
98QZIM105:3　晋—北朝　100cm × 5.5cm
技法：平纹经锦
出土地：扎滚鲁克

红地龙纹锦衣饰绦
98QZIM105:3-2
晋—北朝
长33cm，
宽6.8~7.7cm
技法：平纹经锦
出土地：扎滚鲁克

白地红花草纹锦衣饰
98QZIM115:4-3　晋—北朝　30cm × 8cm
技法：平纹经锦
出土地：扎滚鲁克

烟色地动物纹锦衣饰缘
98QZIM122:4-2　晋—北朝
28cm × 3cm　27cm × 3cm
技法：平纹经锦　出土地：扎滚鲁克

蓝地菱格曲线纹锦
98QZIM124:8-1
汉晋
56.5cm × 16.8cm
技法：平纹经锦
出土地：扎滚鲁克

蓝地植物纹锦
98QZIM124:8-3
汉晋
16cm × 6cm
11.5cm × 3.3cm
技法：平纹经锦
出土地：扎滚鲁克

白地蓝菱格纹丝编织带
98QZIM129:3-10　汉晋
20cm × 4.5cm　厚0.22cm
技法：3/3斜编组织　出土地：扎滚鲁克

白地蓝网格纹丝编织带
98QZIM129:3-11
汉晋
9cm × 3.5cm
厚0.19cm
技法：3/3斜编组织
出土地：扎滚鲁克

绿地对鸟纹残锦带
98QZIM129:4-2
汉晋
30cm × 6.9cm
38cm × 7.5cm
技法：平纹经锦
出土地：扎滚鲁克

蓝地对龙纹锦
98QZIM129:4-3
汉晋
38cm × 28.5cm
28.5cm × 16cm
技法：平纹经锦
出土地：扎滚鲁克

红地龙纹锦衣残片
98QZIM129:5-1
汉晋
65.5cm × 59.5cm
42cm × 44cm
技法：平纹经锦
出土地：扎滚鲁克

红地龙纹锦绦
98QZIM131:1-2　晋—北朝
两片拼对：24cm × 4.3cm
技法：平纹纬锦　出土地：扎滚鲁克

红地狩猎纹锦绦
98QZIM131:1-3
晋—北朝
17.5cm × 6.2cm
16cm × 5.5cm
12.9cm × 5.1cm
技法：平纹经锦
出土地：扎滚鲁克

红地龙纹锦绦　98QZIM131:1-4-1　晋—北朝
10.9cm × 6.5cm
技法：平纹经锦　出土地：扎滚鲁克

红绮地花草纹刺绣带　98QZIM131:1-7
晋—北朝　7.2cm × 5.4cm
技法：绮；锁绣　出土地：扎滚鲁克

白地红条纹锦　98QZIM133:2-3
晋—北朝　8.5cm × 6.1cm
技法：平纹纬锦　出土地：扎滚鲁克

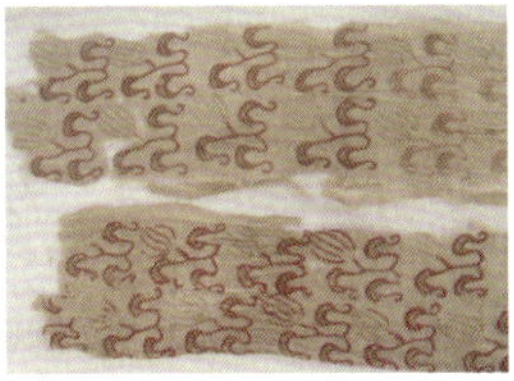

白绢地忍冬纹刺绣带　98QZIM135:1
晋—北朝　长 66cm × 宽 4 ～ 5.5cm
技法：绢；锁绣　出土地：扎滚鲁克

绿地对鸟纹残锦带
98QZIM139:53-14c　汉晋
46.5cm × 7.2cm
技法：平纹纬锦　出土地：扎滚鲁克

暗绿地菱格纹锦　98QZIM141:2-3
晋—北朝　32.8cm × 3.4cm
技法：平纹经锦　出土地：扎滚鲁克

菱格曲波纹锦
98QZIM141:2-1c　晋—北朝
锦：18.5cm × 20cm
技法：平纹经锦、绢　出土地：扎滚鲁克

白色绁地葡萄纹刺绣
98QZIM141:2-2c
晋—北朝
12.5cm × 9cm
技法：绁、锁绣
出土地：扎滚鲁克

红地忍冬纹锦
98QZIM142:1-2
晋—北朝
16.5cm × 4cm
技法：平纹经锦
出土地：扎滚鲁克

红地龙纹锦衣饰绦　98QZIM145:2-A
晋—北朝　76cm × 10.2cm
技法：平纹纬锦　出土地：扎滚鲁克

红地龙纹锦衣饰绦
98QZIM145:2-4
晋—北朝
16cm × 2.8cm
24cm × 4.5cm
技法：平纹经锦
出土地：扎滚鲁克

白地几何纹锦枕　98QZIM156:5　晋—北朝
底长43.5cm，高19.7cm，边长28.5cm
技法：平纹纬锦　出土地：扎滚鲁克

白地几何纹锦扎头带
98QZIM156:5-1　晋—北朝　61cm × 7cm
技法：平纹纬锦　出土地：扎滚鲁克

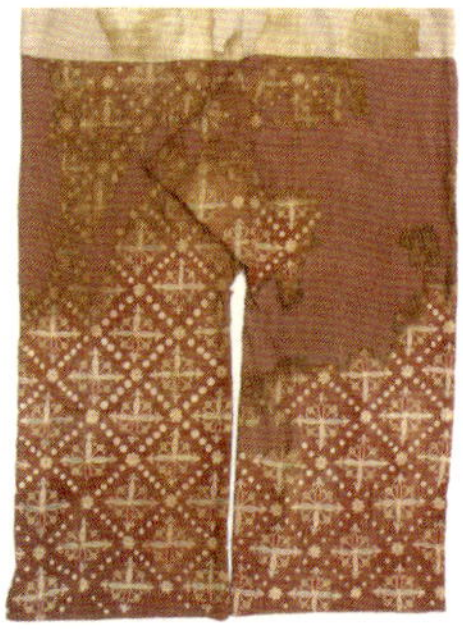

刺绣长裤
95BYYM15:4
汉晋
裤长115cm
技法：绢、锁绣
出土地：营盘

鸡鸣枕
95BYYM15:5　汉晋　长46cm，高8cm
技法：绢、绮、锁绣　出土地：营盘

冥衣　95BYYM15:7　汉晋
身长22.2cm，袖长11.4cm
技法：绢　出土地：营盘

冥衣　95BYYM15:8　汉晋
身长26.8cm，通袖长44.9cm
技法：绢　出土地：营盘

刺绣护膊　95BYYM15:9
汉晋　14cm × 8cm
技法：绢、锁绣　出土地：营盘

帛鱼
95BYYM15:11　汉晋　通长16.1cm
技法：绢　出土地：营盘

香囊
95BYYM15:13
汉晋
口径7cm，高14cm
技法：绢、绮、平纹经重锦绦
出土地：营盘

蓝地"寿"字锦
95BYYM15:14
汉晋
20cm × 16cm
技法：平纹经锦
出土地：营盘

"登高"锦
95BYYM20:4
汉晋
38.5cm × 4cm
技法：平纹经锦
出土地：营盘

香囊
95BYYM22:15
汉晋
口径5cm，高8cm
技法：绢、斜编绦带
出土地：营盘

花卉纹刺绣
95BYYM22:16-1
汉晋
16.6cm × 14.5cm
技法：绢、锁绣
出土地：营盘

织成履
95BYYM22:17
汉晋
长23.6cm，
宽7.6~9.2cm，高4cm
技法：绞编、绢
出土地：营盘

兽面龙纹锦
95BYYM23:3　汉晋　50cm × 14.5cm
技法：平纹经锦　出土地：营盘

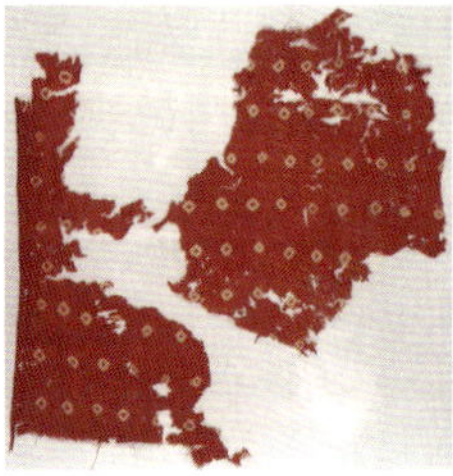

红地绞缬绢
95BYYMC:25
汉晋
23.5cm × 20cm
技法：绢、绞缬
出土地：营盘

龙纹绦
95BYYMC:30a　汉晋　18cm × 3.7cm
技法：平纹经重锦绦　出土地：营盘

人物兽面鸟树纹锦
99BYYM1墓　汉晋　70cm × 10cm
技法：平纹纬锦
出土地：营盘

绢襦　99BYYM8:16　汉晋　110cm × 180cm
技法：绢、平纹纬锦
出土地：营盘

龙纹锦
99BYYM8:21
汉晋
图案纬向循环约2.5cm
技法：平纹经锦
出土地：营盘

冥衣裤
99BYYM13:6
汉晋
衣长14cm，宽17.5cm
裤长11cm
技法：纱、绢
出土地：营盘

贴金衣襟
99BYYM14:8　汉晋　65cm×33cm
技法：绢、锦绦、贴绣、贴金印花
出土地：营盘

镶几何纹锦绦衣袖
99BYYM18:15　汉晋　63cm×27cm
技法：平纹经重锦绦、绢、绮
出土地：营盘

镶动物纹锦绦衣袖　99BYYM23:3　汉晋
20cm×9.5cm　锦绦宽2.5cm
技法：平纹经重锦绦、绢　出土地：营盘

冥衣
99BYYM36:3
汉晋
衣长14.5cm
宽18.5cm
技法：绢
出土地：营盘

白色方纹绫
99BYYMC:1　汉晋　21cm×12cm
技法：四枚异向绫　出土地：营盘

缀金珠刺绣
XY0466
6世纪前后
6.5cm×12cm
技法：绮、绢、锁绣、钉珠绣
出土地：波马

“富昌”锦
XY0468
6世纪前后
36cm × 18cm
技法：平纹经锦
出土地：波马

方纹绫
XY0469　6世纪前后　33cm × 15cm
技法：四枚异向绫　出土地：波马

大谷联珠对马纹锦
大谷探险队收集
龙谷大学图书馆藏
唐
技法：平纹经锦
出土地：阿斯塔那

蓝地新月纹锦
大谷探险队收集
龙谷大学图书馆藏
唐
技法：斜纹纬锦
出土地：阿斯塔那

小花晕䌹纹锦
大谷探险队收集
龙谷大学图书馆藏
唐
技法：平纹经锦
出土地：阿斯塔那

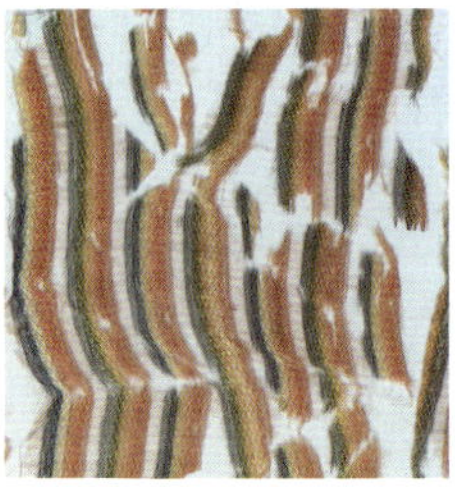

晕䌹纹绫
大谷探险队收集
龙谷大学图书馆藏
唐
技法：斜纹绫
出土地：阿斯塔那

联珠对羊纹小半臂锦料
大谷探险队收集　龙谷大学图书馆藏　唐
技法：斜纹纬锦　出土地：阿斯塔那

红地绞缬绢
大谷探险队收集　龙谷大学图书馆藏
十六国
技法：绢、绞缬　出土地：阿斯塔那

联珠鹿纹锦
Ast.i.3.a.01
唐
14.6cm × 14.6cm
技法：斜纹纬锦
出土地：阿斯塔那

联珠猪头纹锦
Ast.i.5.03
唐
20.3cm × 22.9cm
技法：斜纹纬锦
出土地：阿斯塔那

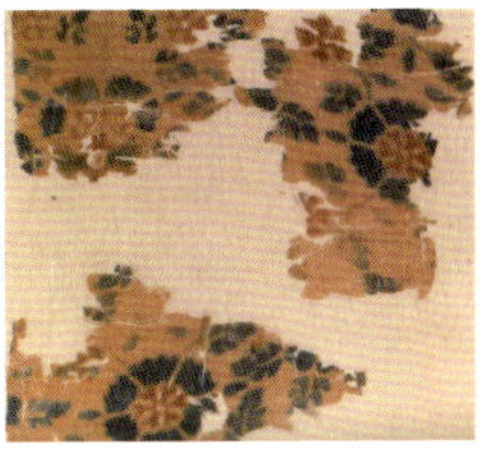

花卉纹夹缬绢
Ast.i.7.01
唐
45.7cm × 22.9cm
技法：绢、夹缬
出土地：阿斯塔那

锦鞋模型
Ast.ii.1.022
北朝
鞋底 9.5cm × 2.5cm
技法：平纹纬锦、绢、麻布
出土地：阿斯塔那

联珠对孔雀对狮纹锦
Ast.v.2.01
北朝—唐
18.4cm × 8.3cm
技法：平纹经锦
出土地：阿斯塔那

绞缬缘刺绣残片 Ast.vi.01 十六国
最大一片 21.6cm × 12.7cm
技法：绢、绞缬、锁绣 出土地：阿斯塔那

蓝地白点蜡缬绢和纬锦 Ast.vi.2.04 十六国
技法：平纹纬锦、绢、蜡缬
出土地：阿斯塔那

蓝地白点蜡缬绢和刺绣 Ast.vi.3.07 十六国
刺绣 12cm × 6.3cm
技法：绢、蜡缬、锁绣 出土地：阿斯塔那

联珠立鸟纹锦覆面
Ast.vii.1.01
唐
20.2cm × 20.2cm
技法：斜纹纬锦、绢
出土地：阿斯塔那

菱格朵花纹锦
Ast.vii.1.06
唐
25.2cm × 17cm
技法：斜纹纬锦
出土地：阿斯塔那

联珠花卉纹锦 Ast.ix.2.01
唐，同墓出667、689年墓志 35.6cm × 31.8cm
技法：斜纹纬锦 出土地：阿斯塔那

联珠朵花对鸟纹锦 Ast.ix.3.03
唐，同墓出625年墓志 15.2cm × 12cm
技法：斜纹经锦 出土地：阿斯塔那

花卉纹夹缬绢
Ast.x.1.04 唐 73.7cm × 38.1cm
技法：绢、夹缬 出土地：阿斯塔那

联珠对马纹锦
59TAM302:4
唐，同墓出唐永徽四年（653）墓志
12cm × 9.7cm
6.7cm × 2.6cm
技法：斜纹经锦
出土地：阿斯塔那

联珠对马纹锦 59TAM302:22
唐，同墓出唐永徽四年（653）墓志
19cm × 20cm
技法：平纹经锦 出土地：阿斯塔那

树叶纹锦
59TAM303墓
北朝，同墓出高昌和平元年（551）衣物疏
20cm × 6.5cm
技法：平纹经锦
出土地：阿斯塔那

对鸟对兽纹绮 59TAM303:1
北朝，同墓出高昌和平元年（551）衣物疏
8.3cm × 40.3cm
技法：绮　出土地：阿斯塔那

对鸟对兽盘绦锦
59TAM303:12
北朝，同墓出高昌和平元年（551）衣物疏
13.2cm × 17.6cm
锦 12.2cm × 13.4cm
技法：平纹经锦、绢
出土地：阿斯塔那

鸟兽纹锦 59TAM306:10
北朝，同墓出高昌章和十一年（541）文书
8.8cm × 21.9cm
技法：平纹经锦　出土地：阿斯塔那

忍冬菱纹锦 60TAM307:8
北朝，同墓出高昌延寿九年（632）文书
18.3cm × 29cm
技法：平纹经锦　出土地：阿斯塔那

狮纹锦
60TAM313:12
北朝，同墓出高昌章和十八年（548）衣物疏、高昌延昌三十八年（598）文书
15.6cm × 20.5cm
技法：平纹纬锦
出土地：阿斯塔那

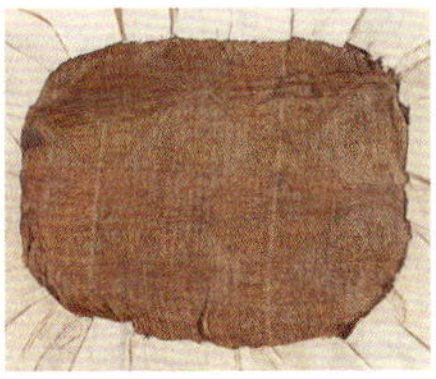

龟背纹锦覆面
60TAM317:31/4
唐，同墓出唐龙朔二年（662）墓表
40cm × 35.8cm
技法：斜纹纬锦、绢
出土地：阿斯塔那

大联珠骑士纹锦
60TAM322:22/1
唐，同墓出唐龙朔三年（663）墓志
24cm × 10.5cm
技法：斜纹纬锦
出土地：阿斯塔那

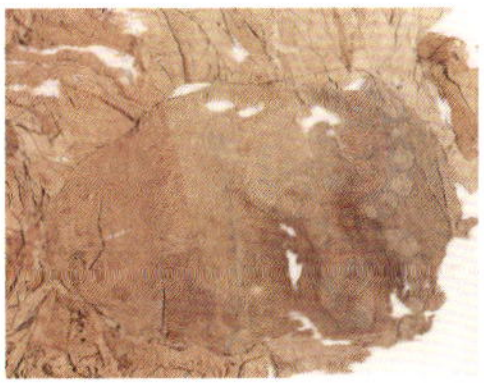

对鸟纹锦覆面
60TAM322:29
唐，同墓出唐龙朔三年（663）墓志
35.7cm × 27.3cm
技法：斜纹纬锦
出土地：阿斯塔那

猪头纹锦
60TAM325:23/3
唐
17.5cm × 23.5cm
技法：斜纹纬锦
出土地：阿斯塔那

联珠小花纹锦
60TAM323:13/3
北朝—唐，同墓出高昌延昌二十七年（隋开皇七年，587）文书
11.5cm × 5.55cm
技法：平纹纬锦
出土地：阿斯塔那

鸟兽朵花纹锦
60TAM324:16
唐，同墓出高昌延寿二年（625）墓表
12.8cm × 10cm
技法：平纹经锦
出土地：阿斯塔那

瑞花遍地锦
60TAM330:12
唐，同墓出唐咸亨三年（672）墓志、上元元年（674）文书
31.4cm × 23.1cm
技法：斜纹纬锦
出土地：阿斯塔那

联珠对鹿纹锦
60TAM330:60
唐，同墓出唐咸亨三年（672）墓志、上元元年（674）文书
16.8cm × 15.2cm
技法：斜纹纬锦
出土地：阿斯塔那

几何瑞花锦
60TAM331:5
唐，同墓出高昌义和六年（619）文书
19.3cm × 8.6cm
技法：斜纹纬锦
出土地：阿斯塔那

大联珠鹿纹锦
60TAM332:5
唐，同墓出唐麟德二年（665）文书
20.5cm × 19.5cm
技法：斜纹纬锦
出土地：阿斯塔那

鸳鸯纹锦
60TAM337:13/2
唐，同墓出唐显庆二年（657）墓志、龙朔三年（663）文书
22.2cm × 14.1cm
技法：斜纹纬锦
出土地：阿斯塔那

“胡王”锦
64TAM18:5
北朝，延昌二十九年（589）唐绍伯墓
19.5cm × 15cm
技法：平纹经锦
出土地：阿斯塔那

对狮对象纹锦
64TAM19:21
唐，同墓出唐仪凤元年（676）文书
13.2cm × 14.5cm
技法：平纹经锦
出土地：阿斯塔那

宝花纹彩绘 64TAM29:11
唐，同墓出唐显庆元年（656）、四年（659）、神龙二年（706）文书
44cm × 26cm
技法：绢、灰缬、彩绘 出土地：阿斯塔那

朵云小花印花绢
64TAM29:11
唐，同墓出唐垂拱元年（685）文书
44cm × 26cm
技法：绢、灰缬
出土地：阿斯塔那

对鸟对羊“吉”字纹锦
64TAM31:15
唐，同墓出重光元年（620）衣物疏
22.7cm × 18.9cm
技法：平纹经锦
出土地：阿斯塔那

“富且昌宜侯王夫延命长”织成履
64TAM39墓
十六国，同墓出升平十一年、十四年（367、370）文书 长22.5cm，宽8cm，高4.5cm
技法：绞编 出土地：阿斯塔那

大联珠立鸟纹锦覆面
65TAM42墓
唐，同墓出唐永徽二年（651）墓志
32cm × 34cm
技法：斜纹纬锦、绢
出土地：阿斯塔那

龟甲“王”字纹锦 66TAM44:23
唐，同墓出唐永徽六年（655）墓志
30.5cm × 32.4cm
技法：平纹纬锦 出土地：阿斯塔那

联珠对孔雀贵字纹锦覆面
66TAM48:6
北朝—唐，同墓出延昌三十六年（596）、延和三年（604）、义和四年（617）衣物疏
29.95cm × 26.15cm
技法：平纹经锦、绢
出土地：阿斯塔那

连环“贵”字绮
66TAM48:14
北朝—唐，同墓出延昌三十六年（596）、延和三年（604）、义和四年（617）衣物疏
24.5cm × 32.2cm
技法：绮
出土地：阿斯塔那

“天王”化生纹锦
66TAM50:27
北朝—唐，同墓出高昌重光元年（620）文书
15.7cm × 9.9cm
技法：平纹经锦
出土地：阿斯塔那

联珠鹿纹锦覆面
66TAM55:18
唐
28.4cm × 38.8cm
锦 17cm × 17.8cm
技法：斜纹纬锦、绢
出土地：阿斯塔那

联珠天马纹锦 66TAM69:2 唐
14cm × 8cm
技法：斜纹纬锦 出土地：阿斯塔那

大联珠天马骑士纹锦 67TAM77:6 唐
8.4cm × 14.1cm
技法：斜纹纬锦 出土地：阿斯塔那

联珠鹿纹锦覆面
67TAM84墓 唐
23.8cm × 14.6cm
技法：斜纹纬锦、绢 出土地：阿斯塔那

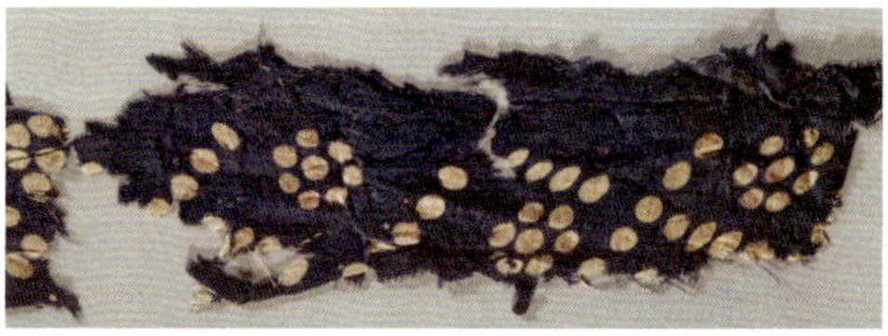

蓝色蜡缬绢
67TAM85:2 西凉 19cm × 3.4cm
技法：绢、蜡缬
出土地：阿斯塔那

红色绞缬绢
67TAM85:3　西凉　17.8cm × 5.5cm
技法：绢、绞缬　出土地：阿斯塔那

绛色绞缬绢
67TAM85:4　西凉　11cm × 3.5cm
技法：绢、绞缬　出土地：阿斯塔那

夔纹锦　67TAM88:2　北朝
30cm × 16.5cm
技法：平纹经锦　出土地：阿斯塔那

联珠对鸭纹锦
67TAM92:4
唐，同墓出高昌延寿十六年（639）、总章元年（668）墓志
19.8cm × 19.4cm
技法：斜纹纬锦
出土地：阿斯塔那

联珠对鸟对狮“同”字纹锦　67TAM92:37
唐，同墓出高昌延寿十六年（639）、总章元年（668）墓志　13cm × 8.8cm
技法：平纹经锦　出土地：阿斯塔那

菱格小花印花绢
68TAM墓　唐　25cm × 9.2cm
技法：绢、灰缬　出土地：阿斯塔那

套环对鸟纹绮
68TAM99
北朝—唐，同墓出高昌延寿八年（631）文书
46cm × 9.5cm
技法：绮
出土地：阿斯塔那

方格兽纹锦
68TAM99:1
北朝—唐，同墓出高昌延寿八年（631）文书
18cm × 13.5cm
技法：平纹经锦
出土地：阿斯塔那

盘绦骑士狩猎纹锦
68TAM101:5
唐
11.8cm × 22.6cm
技法：平纹经锦
出土地：阿斯塔那

联珠团花纹锦
68TAM104墓
唐
17.4cm × 23.3cm
技法：斜纹经锦
出土地：阿斯塔那

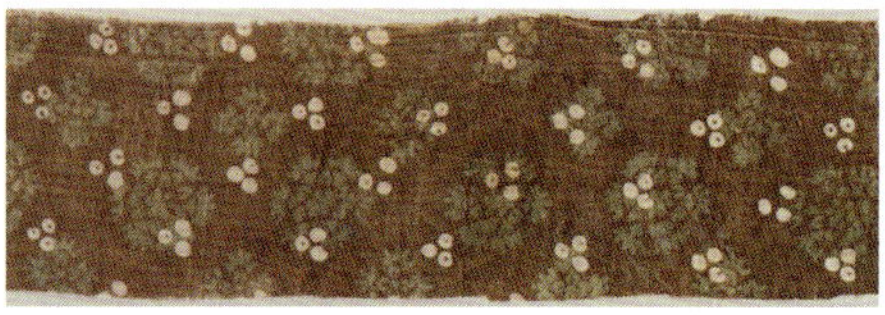

暗绿色朵花套印花绮
68TAM105
唐　26.5cm × 7.5cm
技法：绮、灰缬　出土地：阿斯塔那

绿色狩猎纹印花纱
68TAM105墓
唐
56cm × 31cm
技法：平纹纱、灰缬
出土地：阿斯塔那

黄色朵花套印花绢
68TAM105墓
唐
105.9cm × 31.3cm
技法：绢、灰缬
出土地：阿斯塔那

晕䌷纹绫
68TAM105:1　唐　89.8cm × 22cm
技法：斜纹地上以经浮长显花
出土地：阿斯塔那

黄色花鸟纹印花纱
68TAM108:4
唐，同墓出唐开元九年（721）郧县庸调麻布
57cm×31cm
技法：绢、灰缬
出土地：阿斯塔那

黄色朵花纹印花纱
68TAM108:6
唐，同墓出唐开元九年（721）郧县庸调麻布
50cm×48cm
技法：平纹纱、灰缬
出土地：阿斯塔那

绛色朵花纹印花纱
68TAM108:8
唐，同墓出唐开元九年（72年）郧县庸调麻布
140.4cm×16cm
技法：平纹纱、灰缬
出土地：阿斯塔那

条纹锦 68TAM108:5
唐，同墓出唐开元九年（721）郧县庸调麻布
58.5cm×20.2cm
技法：斜纹绫 出土地：阿斯塔那

宝花纹锦鞋 68TAM381
唐，同墓出唐大历十三年（778）文书
长29.7cm，宽8.8cm，高8.3cm
技法：斜纹经锦 出土地：阿斯塔那

宝花纹锦
68TAM381
唐，同墓出唐大历十三年（778）文书
22cm×6.3cm
技法：斜纹经锦
出土地：阿斯塔那

真红地花鸟纹锦
68TAM381
唐，同墓出唐大历十三年（778）文书
37cm×24.4cm
技法：斜纹纬锦
出土地：阿斯塔那

宝花纹锦 69TAM117:47
唐，同墓出唐永淳二年（683）墓志
103cm×3.7cm 77.7cm×3.8cm
47.1cm×3.8cm 33.5cm×3.7cm
技法：斜纹纬锦 出土地：阿斯塔那

棕色绞缬绢
69TAM117:48
唐，同墓出唐永淳二年（683）墓志
16cm×5cm
技法：绢、绞缬
出土地：阿斯塔那

联珠对鸟纹锦
69TAM134:1
唐，同墓出唐龙朔二年（662）墓志、麟德二年（665）文书
26.8cm×17.7cm
技法：斜纹纬锦
出土地：阿斯塔那

联珠戴胜鸾鸟纹锦覆面
69TAM138:17
唐，同墓出高昌延寿十三年（636）文书
16cm × 18.2cm
技法：斜纹纬锦
出土地：阿斯塔那

联珠猪头纹锦覆面
69TAM138:9
唐
48cm × 40cm
技法：斜纹纬锦、斜纹经锦、绢
出土地：阿斯塔那

棊纹锦
69TAM139:1　唐　25cm × 13.4cm
技法：平纹纬锦　出土地：阿斯塔那

红地联珠对马纹锦
72TAM151:17
唐，同墓出重光元年（620）墓表、衣物疏，贞观十八年（644）文书
19.9cm × 15cm
技法：斜纹经锦
出土地：阿斯塔那

蓝地对鸡对羊灯树纹锦
72TAM151:21
唐，同墓出重光元年（620）墓表、衣物疏，贞观十八年（644）文书
13.8cm × 26.1cm
技法：平纹经锦
出土地：阿斯塔那

“胡王”锦
72TAM169:14
北朝，同墓出高昌建昌四年（558）墓表、衣物疏，延昌十六年（576）衣物疏
17cm × 14.4cm
技法：平纹经锦
出土地：阿斯塔那

联珠孔雀纹锦覆面　72TAM169:34
北朝，同墓出高昌建昌四年（558）墓表、衣物疏，延昌十六年（576）衣物疏
29.8cm × 18.0cm
技法：平纹经锦　出土地：阿斯塔那

“吉”字纹锦被
72TAM169:51
北朝，同墓出高昌建昌四年（558）墓表、衣物疏，延昌十六年（576）衣物疏
69cm × 66cm
技法：平纹经锦
出土地：阿斯塔那

树叶纹锦覆面
72TAM170:11
北朝，同墓出高昌章和十三年（543）、章和十八年（548）衣物疏、高昌延昌二年（562）墓表、衣物疏
24cm × 27.3cm
技法：平纹经锦、绢　出土地：阿斯塔那

天青色楼堞纹绮　72TAM170:20
北朝，同墓出高昌章和十三年（543）、章和十八年（548）衣物疏，高昌延昌二年（562）墓表、衣物疏
71.5cm × 51.2cm
技法：绮　出土地：阿斯塔那

橙地彩条花卉“大王”锦枕　72TAM170:24
北朝，同墓出高昌章和十三年（543）、章和十八年（548）衣物疏，高昌延昌二年（562）墓表、衣物疏　50cm × 14.5cm
技法：平纹经锦　出土地：阿斯塔那

黄色联珠石柱纹绮　72TAM170:25
北朝，同墓出高昌章和十三年（543）、章和十八年（548）衣物疏，高昌延昌二年（562）墓表、衣物疏
图案循环：经向0.7cm，纬向六边形长约3.5cm
技法：绮　出土地：阿斯塔那

树叶纹锦　72TAM170:38
北朝，同墓出高昌章和十三年（543）、章和十八年（548）衣物疏，高昌延昌二年（562）墓表、衣物疏　22.4cm × 19.5cm
技法：平纹经锦　出土地：阿斯塔那

几何花卉纹锦　72TAM170:56
北朝，同墓出高昌章和十三年（543）、章和十八年（548）衣物疏，高昌延昌二年（562）墓表、衣物疏　36cm × 7.5cm
技法：平纹经锦　出土地：阿斯塔那

大联珠对狮纹绮　72TAM170:59
北朝，同墓出高昌章和十三年（543）、章和十八年（548）衣物疏，高昌延昌二年（562）墓表、衣物疏　幅宽约为50cm
技法：绮　出土地：阿斯塔那

合蠡纹锦裤
72TAM170:60
北朝，同墓出高昌章和十三年（543）、章和十八年（548）衣物疏，高昌延昌二年（562）墓表、衣物疏
裤长104cm
技法：平纹纬锦、绢、绮、平纹经锦
出土地：阿斯塔那

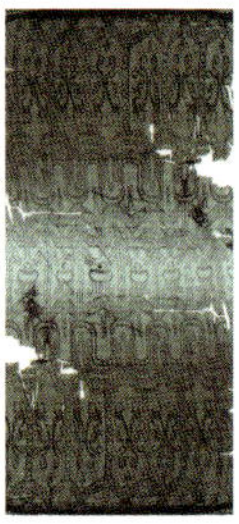

紫色楼堞立人对龙纹绮

72TAM170:61

北朝，同墓出高昌章和十三年（543）、章和十八年（548）衣物疏，高昌延昌二年（562）墓表、衣物疏

图案循环：经向3.5cm；纬向50cm

技法：绮　出土地：阿斯塔那

对羊纹锦覆面

72TAM170:66

北朝，同墓出高昌章和十三年（543）、章和十八年（548）衣物疏，高昌延昌二年（562）墓表、衣物疏

34.5cm × 26.5cm

技法：平纹纬锦、绢

出土地：阿斯塔那

黄色龟背纹绮

72TAM170:99

北朝，同墓出高昌章和十三年（543）、章和十八年（548）衣物疏，高昌延昌二年（562）墓表、衣物疏

37cm × 30cm

技法：绮

出土地：阿斯塔那

藏蓝地禽兽纹锦

72TAM177:48（1）

十六国，同墓出北凉承平十三年（455）墓志

93cm × 25.3cm

技法：平纹经锦

出土地：阿斯塔那

葡萄瑞兽纹刺绣

72TAM177:49

十六国，同墓出北凉承平十三年（455）墓志

19cm × 12.3cm

技法：绢、劈针绣、平针绣

出土地：阿斯塔那

鸟兽纹刺绣针衣　72TAM177:71

十六国，同墓出北凉承平十三年（455）墓志

21cm × 8cm

技法：绮、绢、刺绣、绞缬

出土地：阿斯塔那

绿地印花小绢裙

72TAM187:6

唐，同墓出唐天宝三年（744）文书

裙长25cm，腰宽7cm，下摆41cm

技法：绢、灰缬

出土地：阿斯塔那

四叶彩条纹锦针衣

72TAM187:115

唐，同墓出唐天宝三年（744）文书

9cm × 8.2cm

技法：晕裥锦

出土地：阿斯塔那

白地朵花双面锦 72TAM187:150
唐，同墓出唐天宝三年（744）文书
30.6cm × 11.3cm
技法：双面锦　出土地：阿斯塔那

菱格蝉纹绮
72TAM188:B
唐，同墓出唐开元三年（715）墓志、四年（716）文书
尺寸不明
技法：绮
出土地：阿斯塔那

宝花纹锦 72TAM188:29
唐，同墓出唐开元三年（715）墓志、四年（716）文书　31.5cm × 12cm
技法：斜纹经锦　出土地：阿斯塔那

花卉纹夹缬绢
72TAM216墓
唐
16cm × 28cm
技法：绢、夹缬
出土地：阿斯塔那

黄色联珠龙纹绮
72TAM221:12
唐，同墓出唐贞观十八年（644）、二十二年（648）、永徽元年（650）、三年（652）、仪凤三年（678）文书　25cm × 21cm
技法：绮
出土地：阿斯塔那

红地宝花小半臂锦料 72TAM230:6
唐，同墓出武周长安二年（702）墓志、开元九年（721）文书
14.8cm × 8.8cm
技法：斜纹纬锦　出土地：阿斯塔那

团窠立鸟纹印花绢裙
73TAM191:96
唐，同墓出唐永隆元年（680）、二年（681）文书
109cm × 83.6cm
技法：绢、灰缬
出土地：阿斯塔那

百纳袋
73TAM191:127
唐，同墓出唐永隆元年（680）、二年（681）文书
宽23.5cm，深20cm
技法：绮
出土地：阿斯塔那

缂丝带
73TAM206墓
唐，同墓出唐永昌元年（689）墓志
9.3cm × 1cm
技法：缂丝　出土地：阿斯塔那

绿地宝花锦枕顶面料
73TAM206墓
唐，同墓出唐永昌元年（689）墓志
11cm × 9.7cm
技法：斜纹纬锦
出土地：阿斯塔那

七点梅花小半臂锦料
73TAM206墓
唐，同墓出唐永昌元年（689）墓志
9cm × 6.3cm
技法：斜纹经锦
出土地：阿斯塔那

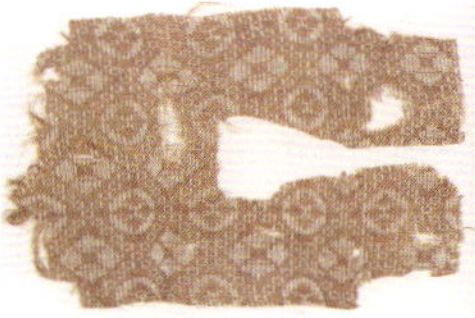

菱形网格填花双面锦
73TAM206墓
唐，同墓出唐永昌元年（689）墓志
16.6cm × 10cm
技法：双面锦
出土地：阿斯塔那

鸟兽团花小半臂锦料
73TAM206墓
唐，同墓出唐永昌元年（689）墓志
9cm × 6cm
技法：斜纹经锦
出土地：阿斯塔那

联珠对鹊纹小半臂锦料
73TAM206:48/1
唐，同墓出唐永昌元年（689）墓志
6.6cm × 8.6cm
技法：斜纹经锦
出土地：阿斯塔那

联珠对羊纹小半臂锦料
73TAM206:48/2
唐，同墓出唐永昌元年（689）墓志
7.8cm × 10cm
技法：斜纹经锦
出土地：阿斯塔那

小联珠团花纹锦
73TAM211:9
唐
19.7cm × 20.5cm
技法：斜纹经锦
出土地：阿斯塔那

宝花纹锦
73TAM214:114
唐，同墓出唐麟德二年（665）墓志
15.7cm × 11.2cm
11.6cm × 16.0cm
技法：斜纹纬锦
出土地：阿斯塔那

白绢彩绘夹袜 72TAM227:26 唐
长 24cm，靿深 22.2cm，口宽 15.5cm
技法：绢，彩绘 出土地：阿斯塔那

条纹染缬绮被 72TAM227:29 唐
109cm × 80cm
技法：绮、染缬 出土地：阿斯塔那

联珠套环鸟兽纹绮
73TAM116:47
北朝至初唐
尺寸不明
技法：绮
出土地：阿斯塔那

花卉纹二色绫
73TAM213:35
尺寸不明
技法：二色绫
出土地：阿斯塔那

联珠对孔雀纹锦
69TKM48:1
唐，同墓出唐永徽元年（650）文书
25.2cm × 16.5cm
技法：斜纹经锦
出土地：哈拉和卓

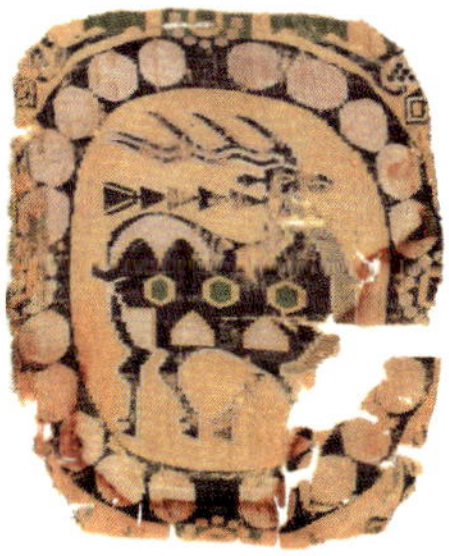

大联珠鹿纹锦
75TKM71:19
唐
23cm × 19cm
技法：斜纹纬锦
出土地：哈拉和卓

小联珠双人伺坛锦
75TKM71:20
唐
24cm × 18cm
技法：平纹经锦
出土地：哈拉和卓

彩条纱
75TKM71:32　唐
25cm × 11.5cm
技法：平纹纱　　出土地：哈拉和卓

红地锦
75TKM71:38　唐
25cm × 6cm
技法：斜纹纬锦　　出土地：哈拉和卓

女裤残片　75TKM96:53　北凉
29cm × 48cm
技法：绢、麻布　　出土地：哈拉和卓

绯地绞缬襦　75TKM96:58　北凉
55.2cm × 48.4cm，43cm × 32cm
技法：绢、绞缬、锁绣、平针绣
出土地：哈拉和卓

新月纹刺绣
75TKM96:58/3
9cm × 8cm
技法：绢、锁绣、平针绣
出土地：哈拉和卓

蓝色朵花蜡缬绢　75TKM98:31　十六国
9cm × 8cm
技法：绢、蜡缬　　出土地：哈拉和卓

鸡鸣枕　75TKM103:16　唐
39cm × 20cm
技法：绢　　出土地：哈拉和卓

蓝色龟甲纹绮　75TKM103:28　唐
最大一片 59cm × 17cm
技法：绮　　出土地：哈拉和卓

蓝绮边覆面 75TKM103:32 唐
40cm × 28cm
技法：绮、绫 出土地：哈拉和卓

"花树对鹿"纹锦
大谷探险队收集
唐
26.1cm × 17cm
技法：斜纹纬锦
出土地：木头沟

联珠翼马斜纹纬锦
大谷探险队收集
唐
13.3cm × 8.7cm
技法：斜纹纬锦
出土地：木头沟

宝花纹锦
大谷探险队收集
唐
7.4cm × 10.3cm
技法：斜纹经锦
出土地：木头沟

葡萄纹缂丝带
大谷探险队收集 晚唐—宋初
27cm × 5cm
技法：缂丝 出土地：木头沟

猪头纹锦
M245:2
唐
25cm × 15cm
技法：平纹纬锦
出土地：巴达木

蓝地佛像狮纹锦
麴氏高昌
17.4cm × 26cm
技法：平纹经锦
出土地：巴达木

手提袋 唐
袋宽18.5cm，深11cm，带长49cm
技法：绢、斜纹经锦 出土地：巴达木

摩尼教女神刺绣
五代—宋初
技法：绢、刺绣
出土地：高昌K遗址

缂丝残片
五代—宋初
技法：缂丝
出土地：高昌K遗址

联珠小花纹锦
晚唐—宋初
技法：斜纹经锦
出土地：吐峪沟

刺绣佛像
晚唐—宋初
技法：绢、刺绣、绞缬　出土地：吐峪沟

对雁纹夹缬绢　晚唐—宋初
技法：绢、夹缬
出土地：高昌、吐峪沟

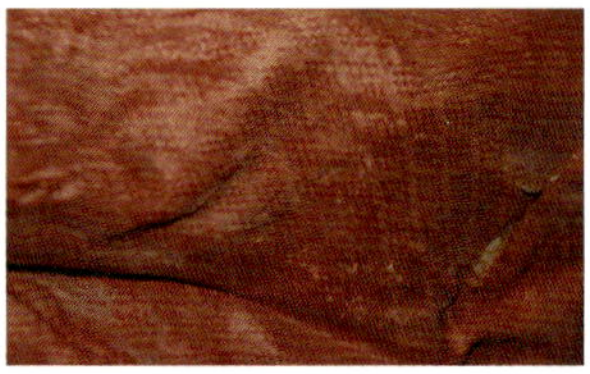

红绮长袖连身裙　M70:2　晚唐—宋初
裙长94cm
技法：绮、绢　出土地：布扎克

几何纹锦鞋　M70:3　晚唐—宋初
鞋底长23cm，宽7cm
技法：斜纹纬锦、绢　出土地：布扎克

红色卷云纹绫枕
M83:1　晚唐—宋初　44cm × 24cm
技法：绫

白色菱格贴金绮衾
M83:4　晚唐—宋初　60cm × 60cm
技法：绮　出土地：布扎克

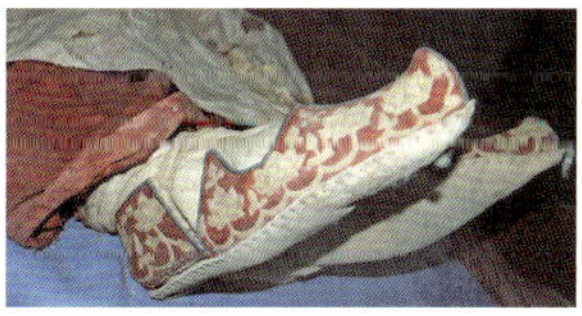

红绮绣花鞋
M83:5　晚唐—宋初
鞋底长25cm，宽8cm
技法：绮、平针绣、锁针绣　出土地：布扎克

卷草纹绫覆面
M84:7
晚唐—宋初
75cm × 56cm
技法：绫
出土地：布扎克

锦饰绮帕　M84:8　晚唐—宋初
22.5cm × 17cm，锦13cm × 13cm
技法：斜纹辽式纬锦、绮
出土地：布扎克

盘雕锦袍
面料1：盘雕纹锦　宋
袍长138cm，通袖长192cm
图案经向循环31cm，纬向循环28.3cm
技法：斜纹纬锦
出土地：阿拉尔

盘雕锦袍
面料2：对雀栏杆纹锦　宋
图案纬向循环21cm
技法：斜纹纬锦　出土地：布扎克

盘雕锦袍
面料3：四花飞雀浮纹锦　宋
图案经向循环9.5cm，纬向循环7.5cm
技法：辽式斜纹纬锦
出土地：阿拉尔

对羊孔雀锦袍　宋
袍长128cm，通袖长199cm
图案经向循环37.6cm，纬向循环23cm
技法：斜纹纬锦　出土地：阿拉尔

重莲团花纹锦
宋
最大块68cm × 47cm
技法：斜纹纬锦
出土地：阿拉尔

彩绣鸟兽纹方袱
宋
58cm × 55.5cm
技法：斜纹纬锦、绢、刺绣
出土地：阿拉尔

尖顶帽
宋
高31.58cm，宽448cm
技法：锦、绢、毡
出土地：阿拉尔

绿绢袍
宋
袍长1308cm，
袖长1108cm
技法：绢、缂丝、棉布
出土地：喀什

锦袋
宋
40.3cm × 29.8cm
技法：花绫
出土地：胜金口寺院遗址

鞋　2012TSF:38　宋
长25cm，宽8.2cm，高4.4cm
技法：刺绣　出土地：胜金口

花卉纹刺绣
09TS南:6
宋
技法：钉针绣、平针绣
出土地：胜金口

花卉纹缂丝
元
31cm × 16cm
技法：缂丝
出土地：盐湖

图片主要出处

1. 新疆维吾尔自治区博物馆，出土文物展览工作组：《丝绸之路——汉唐织物》，北京：文物出版社，1972.
2. 新疆维吾尔自治区文物事业管理局：《新疆文物古迹大观》，乌鲁木齐：新疆美术摄影出版社，1999.
3. 新疆维吾尔自治区博物馆，奈良丝绸之路学研究中心：《吐鲁番地域与出土绢织物》，2000.
4. 新疆维吾尔自治区博物馆，新疆文物考古研究所：《中国新疆山普拉——古代于阗文明的揭示与研究》，乌鲁木齐：新疆人民出版社，2001.
5. 黄能馥：《中国美术全集·工艺美术编6印染织绣（上）》，北京：文物出版社，1991.
6. 王博、王明芳等：《扎滚鲁克纺织品珍宝》，北京：文物出版社，2016.
7. 新疆文物考古研究所：《吐鲁番阿斯塔那-哈拉和卓墓地：哈拉和卓卷》，北京：文物出版社，2018.
8. 赵丰、于志勇：《沙漠王子遗宝》，香港：艺纱堂/服饰出版，2000.
9. 赵丰：《纺织考古新发现》，香港：艺纱堂/服饰出版，2002.
10. 赵丰：《西北风格：汉晋织物》，香港：艺纱堂/服饰出版，2008.
11. 赵丰：《丝路之绸：起源、传播与交流》，杭州：浙江大学出版社，2015.
12. 李肖：《吐鲁番文物精粹》，上海：上海辞书出版社，2006.
13. 赵丰、伊第利斯·阿不都热苏勒：《大漠联珠：环塔克拉玛干沙漠服饰文化考察报告》，上海：东华大学出版社，2007.
14. 香川默识：《西域考古图谱》，北京：学苑出版社，1999.
15. 山辺知行：《シルクロードの染織——スタイン·コレクション ニューデリー国立博物館蔵》，京都：紫红社，1979.
16. Aurel Stein, *Serindia*, Oxford at the Clarendon Press, 1921.
17. Aurel Stein, *Innermost Asia*, Oxford at the Clarendon Press, 1928.
18. ViVi Sylwan , *Investigation of Silks from Edsen-gol and Lop-nor*, SDI Publication , 2001.

（二）吐鲁番文书中的丝绸有关记载

59TAM303 : 01 高昌缺名随葬衣物疏

1 □袴□

2 □绫一百匹□

3 □大树叶□

4 □匹，白绢一百匹，黄金□

5 □斤，乱糸千斤，非（緋）被绿缘林（绫）枕一□

6 □钱一千，白银钱二千汶（文）。

59TAM305 : 8 缺名随葬衣物疏

1 绛结发两枚　输鋜钗一双　白珠一双

2 绯覆面一枚　绀绮尖一枚　紫缝（练）枕一枚

3 白缝（练）衫一立　白绯裈一立　缥绯袴一立

4 白缝（练）裈一立　紫碧裙一立　白绯袜一立

5 绛地糸鞕（履）一量　蹹麴囊一枚

6 怀袖囊一枚　黄手丝二两，　铜钱二枚

7 手脚爪囊各一枚　白绯被一领

59TAM305 : 17 缺名随葬衣物疏

1 □结发一枚□

2 帛缝（练）覆面一枚　帛绯衤□

3 帛绯裈一立　帛绯小□

4 帛绯袜一量　绀布鞕（履）□

5 帛缝（练）脚爪囊□

6 帛绯怀袖囊□

8 帛绯六匹

60TAM313 : 07/2 高昌章和十八年（548）缺名随葬衣物疏

1 □□□具　绣衣一具　白连（练）

2 □□□具　漯（罗）裺裙儒（襦）□

3 □裙儒（襦）一具　白地锦百

4 □阳（羊）树锦五十长（张）　树叶锦

5 五十长（张） 白卷（绢）百匹 漯（罗）裺百

6 百匹 漯（罗）叠百匹 行漯（罗）百

7 匹 金钱百枚 铜吉（机）一具 次吉（机）

8 一具 鸡明（鸣）枳（枕）一具 蹹（蹹）后囊

9 一枚

60TAM326 : 01/4 高昌和平元年（551）某人举叠、锦券

5 □□柏树叶锦四十尺，要到八月卅日偿▭

6 □□六丈。若过期不偿，一月生锦四▭

60TAM335 : 10 高昌延昌三十二年（592）缺名随葬衣物疏

1 延昌卅二壬子岁十一月十三日 思广也文 黄今（金）千斤 白

2 银钱百两 今（金）钱千文 银钱百文 锦千张 绢万匹

3 百（白）绫百匹 细布百匹 细叠百匹 百（白）淩（绫）裙褶

4 一具 井（锦）淩（绫）裙褶一具 细布裙衫一具 奴婢十具

63TAM1 : 11 西凉建初十四年（418）韩渠妻随葬衣物疏

1 故紫结发▭[故]缍（练）菽头▭

2 ▭故缍（练）覆面一枚 故帻一枚 故绢小衫

3 ▭故缍（练）褥一领 故绢小裈一立

4 ▭故缍袴一立 故生绢裙一立

5 ▭衣一领 故缍（练）靺一量 故履一量

6 故碧绁▭钒（机）郭一具 故手中黄丝▭

7 兔豪（毫）万束 黄金千两 正帛丝绢百匹 故怀袖

8 蹹臼囊各一枚 故绢毯一领 绢被一[领]

9 黄松棺□□ 故木蔬（梳）一枚

63TAM2 : 1 北凉缘禾六年翟万随葬衣物疏

1 故路绯结发两枚 故银導一枚 故帛练覆面一枚

2 故帛尖一枚 故绩尖一枚 故帛绢袷一枚 黑索一枚 故帛练衫一领

3 故帛练两当一领 故帛练襦一领 故帛练小裈一立

4 故帛练大裈一立 故帛练袴一立 故帛练裙一立

5 故怀袖蹹臼囊各一枚 故手爪囊一枚 黄金千斤

6 手中黄丝三丈　铜钱自副　故铜机郭一具
7 故帛绢单衣一领　故帛练枕一枚　故帛绢被一领　故帛练褥一领
8 兔毛千束　故帛练袜一量　故绀鞾（履）一量
9 色帛千疋　故黄桑棺一口　手板一枚
10 缘禾六年正月十四日　延寿里民翟万去天
11 入地　谨条随身衣裳物数如右　时见左
12 清（青）龙　右白虎　前朱雀　后玄武

64TAM15 : 6 唐唐幢海随葬衣物疏

1 白绫褶袴一具　细布衫袴一具　锦表计（吉）莫靴一两
2 郊具带一具　白练手巾一　白瓶墍子一　水牛角把刀
3 一具　诸（朱）衣农（笼）绾（冠）一具　白练早衫一领　白练衫袴一
4 具　鸡鸣一具　婆（波）斯锦面衣一枚　银眼农（笼）一　玉樊（攀）天思（系）
5 七脚一蹹　白练一千段　杂色物一万段　黄金白银尽足　胡
6 禄弓箭一具　樊（攀）天思（系）万万九千丈

64TAM29 : 44之四 唐咸亨三年（672）新妇为阿公录在生功德疏

45 马一疋布施佛　鞍辔一具施法
46 黄䌷绵袍一领　丝巾子一枚
47 黄布衫一领　罗幞头一枚
48 帛布衫一领　帛䌷绫半臂一腰
49 生绝长袖一腰　熟铜拕腰带一
50 扰（沉）香霸（把）刀子金口一　鞊鞢靴一量并氈
51 两色绫接�一　帛练裌袴一腰
52 帛练单袴一腰　帛练汗衫一领
53 帛练裈一腰　细丝袜一量
54 墨绿䌷绫裙一腰　紫黄罗间陌複一腰
55 绯罗帔子一领　紫䌷绫袄子一锦褾
56 五色绣鞋一量　墨绿䌷绫袜一量锦靿
57　　　　右前件物布施见前大众
58 紫绫裌裙一腰　绿绫裌帔子二领
59 宍色绫裌衫子一领
60　　　　右件上物新妇为　阿公布施

66TAM48 : 1 高昌延和三年（604）缺名随葬衣物疏

1 紫绫褶袴一具　白练衫袴一具　桐椀弓箭一具▭

2 金银钱二千文　锦䌽一万匹　鸡鸣枕一枚　玉肫（豚）▭

66TAM48 : 2 高昌延昌三十六年（596）某甲随葬衣物疏

1 紫绫褶袴一具　白练裈衫一具　被锦一百张

2 杂色䌽帛一千段　金银钱二万文　鸡鸣枕一枚

3 石灰一囊　烟（胭）支（脂）糊（胡）粉具　攀（镊）一枚　剪刀尺具

4 针梳具　玉肫（豚）一双　脚躧一两　攀天糸万万九千丈

66TAM48 : 3 高昌义和四年（617）六月缺名随葬衣物疏

1 脚蹪鞸一两　紫罗尖一　中衣汗衫一具　白绫大

2 小衫一具　锦襦黄裙一具　褶绫绮襦

3 一具　白绫裙褶一具

4 刀尺一具　银文刀子一口　针百枚针毡

5 糸七色各式一两　鸧牙一　竟（镜）杨梳五枚　锦

6 五十张　绢百匹　□练一千段　金银线

7 二百文　石灰三　五谷具　玉肫（豚）一双

8 攀天糸万万九千丈

66TAM59 : 2 北凉缺名随葬衣物疏

1 彭清（绡）结发一枚　紫结发一枚　取一枚　帛绢

2 衫一枚　绯襦一枚　帛小根（裈）一枚　故绁根（裈）

3 一枚，帛裙一枚□□□□帛綀一枚　手爪

4 囊一枚　脚爪囊一枚▭百匹

5 ○

66TAM62 : 5 北凉缘禾五年随葬衣物疏

1 清（绡）尖一枚　两当一枚　紫繻（襦）一枚　帛缝（练）根（裈）

2 一枚　黄绀裙一枚　连（练）綀一枚　鞕（履）一枚

3 手爪囊一枚　合究囊一枚　怀右（袖）囊

4 缘禾五年六月廿三日谨条衣裳物

5 在右　而无名者　急如律令

67TAM84：20 高昌条列出臧钱文数残奏

1 □□□布二匹半，平□□□

2 □□□半文。张申武□□□ [百][文]□□□

3 □□□[泮]作人秋富二□□□蒲桃中赵武□□□

4 □□□所藏绫十三匹□□□一百廿一□□□

5 □□□[臧]钱一百一十文[半]。□□□出臧钱一百一十[文]，□□□

6 □□□[阿]苟作从，藏龙遮□□[提]婆锦一匹，平钱五十□□□

7 □□□[匹]，平钱五十一文，张阿苟出臧钱五十半文。次传□□□

8 □□□[延]作从，藏龙遮之棕提婆锦三匹，平钱一百[五]□□□

9 □□□红锦二匹，平钱九十文。祁守義提婆锦[一]□□□

10 □□□[文]。

67TAM88：12 高昌延昌七年（567）牛辰英随葬衣物疏

1 脚靺一双　[右]□□□[锦]　[裙]

2 一腰　右白绫[裙]□□□[锦]褥二具

3 右锦褶二领　右□□□[领]　右面衣一颜

4 右鸡鸣枕一枚　右黄棺一口　右钗一枚

5 右髻一枚　右镜一枚　右脂粉具　右梳一

6 右扳天糸万万九千三千三百丈

67TAM370：1 高昌延和十二年（613）缺名随葬衣物疏

1 桐[椀]弓煎（箭）一具　银庄（装）刀带一具　金银二万文　紫绫[衫]

2 [袴]一具　白绫衫袴一具　锦綵一万匹　鸡鸣枕一枚　玉肫（豚）

3 一双　脚靡一两　焚（攀）天糸万万九千丈　石灰一九（斛）五谷具

72TAM151：6 高昌重光元年（620）汜法济随葬衣物疏

1 诸（朱）衣笼管（冠）一具　脚蹦具　穴跟里（履）具　手把

2 玉豚一双　鸡鸣一具 白绫褶袴一具　鞊草靴

3 一两　铜完（椀）弓箭一具　刀带一具　钦被具　绫

4 练各万段　被锦二百张　细锦万匹　石灰

5 一九（斛）　五谷具

72TAM151 : 51 高昌伷子中布帛杂物名条疏

1 伷子中右（有）叠一疋　皂练一疋　白绫一疋　非（绯）八尺　白练八尺　綵绫二尺□□

2 碎紫四尺　紫三尺　紫罗领五　赤绢尺五　赤头沠一　右（又）三五　紫绫头

3 湏一　右（又）四尺　非（绯）绫二尺五　右（又）半福（幅）　满非（绯）尺五　黄练衫一　扁坚一　被锦靴

4 缥一具　清（青）练三尺　右（又）半福（幅）　黄练三尺　钱卌文，针卅　锦朱卅　练手巾一

5 布手巾二　饮水马锦镇（枕）二　碎锦五恋　小斤二　同（铜）旱三　路囊二　綖缚

6 三　紫尺一　赤叠囊子二　绿三尺　右（又）半福（幅）　紫绫头沠一　右三尺　赤

7 绢一尺

72TAM169 : 32 高昌建昌四年（558）张孝章随葬衣物疏

1 建昌四年戊寅岁二月甲子朔　九日壬申

2 禅师法林敬移五道大神　佛弟子张孝章

3 持佛五诫　专修十善　今于高昌城内家中

4 命过　经涉五道　幸不呵留　今有朱衣笼冠

5 一具　带物具　白练衣裈一具　玉屯（豚）一双　庄（装）饰具

6 细锦面衣一枚□脚縻一双　带物具　鸡鸣

7 枕一枚　庄（装）饰□锦缘褥一具　孝经一卷

8 砚嘿（墨）纸笔一具　锡人十　弩牙一具　盾一枚　五谷各

9 一升　铁镜　巾箱　栉机　手巾　刀子一具　金钱三百

10 银钱五百　大锦百张　绫罗绢绮各百匹　若欲

11 求海东头　觅海西辟（壁）　急急如律令　时人张坚

12 固　李定度　攀天糸万万九千丈

72TAM169 : 42 高昌延昌十六年（576）信女某甲随葬衣物疏

1 尖一颜　紫褶褶□□绫裙一具　白练裈

2 衫一具　锦裙褶一具　剪刀尺一具　雁牙

3 梳一具　针氈并针□悉具　杂色锦一百

4 段　杂色綵帛二百匹　五谷悉具　鸡鸣

5 枕一只　面衣一具　玉肫（豚）一双　脚躔一两　攀

6 天糸万万九千丈

72TAM170：9 高昌章和十三年（543）孝姿随葬衣物疏

1 故树叶锦面衣一枚　故绣罗當一枚　故锦襦一枚，领带[具]

2 故锦褶一枚　领带具　故绯绫襦二枚　领带具　故紫[绫]

3 褶二枚　领带　故绯绫袄三枚　领带具　故白绫大衫一枚　领带

4 具　故白绫少衫一枚　领带具　故黄绫裙一枚　攀带具

5 故绞绫裙一枚　攀带具　故合蠡文锦袴一枚　攀带具

6 故白绫中衣一枚　攀带具　故脚靡一枚　故绣鞾二枚　故树叶

7 锦丑衣二枚　故金银钏二枚　故金银指环六枚　故挝扮耳

8 抱二枚　故绫被辱（褥）四枚　故绯红锦鸡鸣枕一枚　故波

9 斯锦十张　故魏锦十匹　故合蠡大绫十匹　故石柱小绫

10 十匹　故白绢卌匹　故金钱百枚　故银钱百枚

11 故布叠二百匹　故手杷二枚　攀天糸万万九千丈

72TAM170：77 高昌章和十八年（548）光妃随葬衣物疏

1 脚释一枚　脚靡一枚　履一双　帛练中衣一枚　□□□

2 树叶锦袴一枚　腰带具　黄绫裙一枚　腰攀具　□□

3 汗衫一枚　领带具　锦罗当一枚　紫绫褶一枚　[领]□□

4 玉豘（豚）一双 丑衣两双　大文锦面衣　两烧结一枚

5 金钗一双　团花一枚　烟（胭）支（脂）胡粉　青黛　黑黛

6 眉蝉　眉纸　竞（镜）敛（奁）一枚　一切具　鸡鸣枕一枚

7 金钱十千　银钱百万　大锦千张 大练万匹

8 绵千斤　绢万束　针衣　路囊　一切备具

9 攀天糸万万九千丈

72TAM170：88 高昌延昌二年（562）长史孝寅随葬衣物疏（一）p145

1 右练脚靺一具　右练裈衫一具　右□

2 右被辱（褥）一具　右履一双　右面衣一颜□

3 支一枚　有杂锦百匹　右杂□

有珠（朱）衣韡衮，领带具。

4 右绢七百匹　右绵六百斤□

5 右叠千五百匹　右金钱[千]□

72TAM173：1 高昌延寿十年（633）元儿随葬衣物疏

1 诸（朱）依（衣）笼官（冠）一具　银眼笼一具　波斯锦面依（衣）一具　波斯锦被辱（褥）一具

2 白绫褶袴一具　细布衫袴一具　□□弓箭一具▭

3 千张　绫练一千匹　金银钱各一万文　石灰十九丩（斛）　伍谷具　锡人十□

4 奴婢十具　悉是平存所用之物　樊（攀）天糸万万九千丈

72TAM205：2 高昌重光元年（620）缺名随葬衣物疏

1 脚靡一具　穴跟履一两　白绢裙衫一具　手衣一具

2 面衣一具　朱衣笼衧（冠）一具　白绫褶袴一具　玉肫（豚）一双

3 鸡鸣枕一枚　锦被褥一具　攵刀一口　铜椀弓箭一具

4 白绢千匹　被锦万张　锡人十枚　镉钱十四文

5 孝经一卷　纸百张　石灰三九丩（斛）　樵五谷各一斗

6 攀天糸万万九千丈　右上所条悉是平存所用物

73TAM113：1 高昌义和四年（617））缺名随葬衣物疏

1 紫罗尖一□　中衣旱（汗）衫一具　玉肫（豚）□双　脚靡一两　鸡鸣

2 枕一　脚释一　钗髻一具并□□具　烟（胭）支（脂）糊（胡）粉具　呙牙蔬（梳）一

3 锦襦一领　黄裙▭纹绫裙一腰　白绫褶

4 一领　白绫裙一腰　白▭布裙一腰　鞞一两▭

5 一　杂色糸一千斤▭文　银眼龙（笼）▭

6 十枚并针氈具▭五谷具▭

7 万万九千丈　有（右）上▭生所用之物

73TAM116：19 高昌重光二年（621）张头子随葬衣物疏

1 脚靡一具　脚释一具　宂（无）根（跟）履一两　衷衣一胃（腰）　汗衫一领

2 鸡鸣枕一枚　朱衣笼一具　金刀子一枚　石恢（灰）三九丩（斛）　五

3 谷具　孝经一弓（卷）　手把一隻（双）　攀天糸万万九千丈

4 偃鸣一枚　白绫褶袴二具　锦被辱（褥）二具　臈钱十四

5 枚　锡人具　金钱一万文　银钱二万　被锦一千张

6 杂色绫各五百匹　右上所条悉是平存所用之

7 物

73TAM193 : 15(b) 唐天宝某载（749—756）行馆器物帐

1 行馆承帐　远载破被伍张　内二夹缬、一紫熟□绫□绯□

2 破缦绯眠单伍条　破拭巾布二十条□

3 破斑缧食单伍条　内一八尺无缘，二八尺有缘：已上物天四载支度使检。

73TAM206 : 42/10-5.42/10-17　唐质库帐历（？）

8　　　　　东头染家

9 故绯罗领巾一　故白练二尺

10 崔基正月十九日取壹伯文

11　　　六月七日入本卌文利九文付帛去

12　　　七月十八日赎付了

73TAM206 : 42/10-6　唐质库帐历（？）

3　　　　　东头住年六十

4　　　故破白绢衫子一　破缦青单裙替衫去

5 王爽正月廿日取肆拾文

6　　　四月十日入本十五文利二文却将去

7　　　四月十一日赎付了

73TAM206 : 42/10-12 唐质库帐历（？）

3　　　　　北曲住年廿

4　　　故青绝单裙一

5 王园仁正月廿四日取壹伯陆拾文

6　　　六月四日赎付主了

73TAM206 : 42/10-13.42/10-3 唐质库帐历（？）

10 故檀碧小绫袹复一　故蓝小绫袂裙□

11 故绯小绫袂裙一　故缃青衤□□

12 皂绝破单幞里

73TAM206 : 42/10-14.42/10-9 唐质库帐历（？）

4　　　绿线四两　破黄绝里

5 刘娘正月十九日取壹伯文

6　二月廿七日赎付了

7　　　　延兴门外店上住年卌二

8　　故缦紫红小缬袂裙一

9 王玄敬正月十九日取壹伯伍

10　拾文二月廿二日付了

73TAM206 : 42/10-26~42/10-35 唐质库帐历（？）

1 故紫小绫袂裙一　故黄□布衫□

73TAM210 : 136/1 唐居太夫人随葬衣物疏

1 朱衣同（笼）官（冠）一　□□一具　鞾卅具　带卅具

2 □游廿具　头发五十两　钗梳廿具

3 大衫并旱衫五十具并是绫罗　金虵并钏刀子各　五十具

4 指环耿（耳）环各五十具

5 裙绯绫紫绫并锦廿畳　绯绫裈廿具

6 披子廿枚并是绫　紫绫褶廿五领　十五大绫　十小绫

7 袴廿畳　十畳大绵（锦）　十畳大绫

8 并罗鞾　鞊韈靴卌五量　廿五量锦䌷　廿量平文

9 靴鞦伍拾具并丝　黄金千斤　白银千两

10 小麦及大麦三万石　粟床各二万　奴婢五十口

11 车牛五十乘　羊马驴牛驼骡等总

12 三百五十头疋　悉是平生用具，随意

13 取用　不得迴回　付东海居太夫人神领　付与

14 黄泉　急如律令

73TAM506 : 4/11之一 唐开元十九年（731）康福等领用充料钱物等抄

5 □曹司造褡子　锦䌹伍拾肆尺　直准钱贰阡

6 贰伯文

73TAM517 : 24 高昌延昌三十七年（597）武德随葬衣物疏

1 帽一颜　白绫褶袴一具　白练裈衫一具　被锦一百张

2 綵帛一千段　金银二万文　鸡鸣枕一枚

3 弓箭一具　孝经一卷　笔研（砚）一具　石灰一𠄔（斛）

4 熬谷八筐　玉肫（豚）一双　脚躧一两　攀天糸万万九千丈

73TAM517 : 25 高昌延昌三十一年（591）缺名随葬衣物疏

1 ____________□跟履一□　绫汗衫一领　练中衣一

2 具________绫大衫一领　领带具　紫绫褶一领　领带具　黄绫

3 裙一腰　腰带具　头结一枚　银钗二双　手把玉肫（豚）一双　锦绣

4 缪绺一枚　面衣一枚　攀天糸万万九千丈　□□揖抱一

5 ____________一枚□□□□镜一枚　针旃百枚　针千枚　梳具

6 ____________粉粧具悉备________杂綵各千万段______

7 □□各千万匹　五谷永________一囊

79TAM383 : 1 北凉承平十六年（458）武宣王沮渠逊夫人彭氏随葬衣物疏

1 ______________________自副

2 __________________□月环自副

3 __________________□□里自副

4 _______________□腰自副

5 __________一领里□自副

6 □□练手衣□□里带自副

7 □□□一斤

8 □□帛一匹

9 故□练内衣一枚带自副

10 □帛练绢中衣二枚腰带自副

11 故帛练袴一立腰带自副

12 □帛练襦帬一立腰带自副

13 □采□一两袜带自副

14 故帛练鸡鸣枕一枚珠□自副

15 故帛练脚遮一枚

16 □剪刀一枚尺自副

17 □□□□枚霸自副

18 □□爪□抱一具□自副

19 故熨斗一枚

20 故铅人一枚碧□自副

21 故手爪□肆囊自副

22 故脚爪一囊碧□自副

23 故杂彩绢九万九千九百九十九匹

24 故绵九万九千九百九十九斤

25 故□杂彩绵□囊一枚
26 故针旃一枚带自副
27 故银策一具通天绫黄囊霸自副
28 故轩盂一枚□自副
29 故帛绢被一领里缘自副
30 故帛练褥一枚池缘自副
31 故竹蕈一枚缘自副
32 故梳一枚
33 故灵牀一枚□自副
34 故白木棺一口柩明里钉自副
35 大凉承平十六年岁在戊戌，十二月庚子朔，
36 十八日丁巳。大且渠武宣王夫人彭。谨条
37 随身衣被、杂物疏。所止经过，
38 不得留难。急急如律令。

86TAM386 : 23 高昌延寿十四年（637）张师儿妻王氏随葬衣物疏

1 脚躧一具　靴一两　紫罗尖一颜　中依（衣）汗衫一具
2 白绫大小衫一具　锦襦黄裙一具　紫绫褶
3 波绫裙一具　白绫裙褶一具　钗髻一具　粡（胭）枝（脂）
4 胡粉具　箭（剪）刀尺一具　银牡（铆）文（纹）刀子一口　细针百
5 枚　并针氈具　五色糸线各百两　㑛牙梳十　黄阳
6 梳十　被锦五十张　细锦一百匹　杂彩一千段　金银
7 钱各二万文　锡人十枚　石灰五斛　五谷具　玉屯（豚）两只
8 攀天糸万万九千丈　右上数调悉是平生所用之物

2004TAM408 : 17令狐阿婢随葬衣物疏

1 故绛绁结发一枚　故落（绿）绩结发一枚　故鍮瑄叉（钗）一枚
2 故练绛结发三枚　故绀绩结发一枚　故银叉（钗）六枚
3 故练覆面二枚　故著体绁衫一枚　故帛绁大裈一枚
4 故绀绩延一枚　故帛绁小裈一枚　故绛绁袴一领
5 故手中黄糸三两铜钱别（捌）　故两当一领　故绢衫一领
6 故绁帬一领　故绛缯袄一领　故绯襦一领
7 故绛沙（纱）襦一领　故紫碧帬一领　故缍（练）绁二丈□
8 故绯碧帬一领　故絮二斤　故绢被一领

9 故银川（钏）六枚　故红粉囊一枚

10 故银环九指　故怀右（袖）囊三枚　故铜镜一枚

11 故蹹（蹋）臼（鞠）一枚

12 故碧紫绯審（枕）一枚　故帛绁袜一枚　故丝袄一枚

13 故兔毫百五十束　故黄金十斤　故蹹（蹋）麹（鞠）一枚

14 故疋白（帛）百疋

15 右蕈钟妻令狐阿婢随身杂衣物凡

16 种

75TKM88 : 1（b）北凉承平五年（447？）道人法安弟阿奴举锦券

1 承平五年岁次丙戌正月八日道人法安弟阿奴

2 从翟绍远举高昌所作黄地丘慈中

3 锦一张　绵经绵纬　长九五寸　广四尺五寸

4 要到前年二月卅日　偿锦一张半

5 若过期不偿　月生行布三张

75TKM90 : 19 高昌阿苟母随葬衣物疏

1 故枕一枚

2 故造（皂）尖一枚　故排（绯）绝（结）发一枚　故扠（钗）一枚　故疏（梳）一枚

3 故面衣一枚　故孺（襦）一枚　故[衫]一枚　故首衣一枚　故裙一枚

4 故中衣一枚　故小衣一枚　故怀友（袖）囊一枚

5 故脚袜一枚　故蹹毛[?]（鞠）囊一枚　故理（履）一枚

6 故被一枚　故褥一枚　狐毛千束　匹白（帛）

7 万匹　□□□右条杂物与母永供

8 身用　阿苟条

75TKM90 : 20（a）高昌主簿张绾等传供账

15 ________[张]绾传令　[出][疏]勒锦一张　与处论无根

75TKM90 : 29／1 高昌□归等买鍮石等物残帐

1 ________归买鍮石

2 ________[毯]百八十张　□诸将绵________

3 ________[钵]斯锦[系]□昌应出________

75TKM90 : 34 高昌永康（？ ）十年用绵作绵绦残文书

1 □[须]绵三斤[半]作锦绦□

75TKM91 : 3/1（b），3/2（b）北凉缺名随葬衣物疏

1 覆面一枚　褶一领

2 大裈位（一立）　小裈一立

3 鞓（履）一两　裲一枚　鞦一

4 两　淮（怀）右（袖）囊各

5 一枚

75TKM96 : 15 龙兴某年宋泮妻翟氏随葬衣物疏

1 故绯碧绀缮结发六枚

2 故鸡鸣枕一枚

3 故银钗二枚

4 故耳中珠四枚

5 故帛缍（练）尖一枚

6 故绀缮尖一枚

7 故帛缍（练）衫一[领]

8 故绯袄一领

9 故结绯襦一领

10 故布小裈一立

11 故绀大裈一[立]

12 故绛绀袴一立

13 故布裙一立

14 故绯碧裙一立

15 故绀袜一量

16 故丝鞓（履）一量

75TKM96 : 17 北凉真兴七年（425）宋泮妻隗仪客随葬衣物疏

1 故钳（绀）尖一枚　故白尖一枚　故白缍（练）□

2 故紫襦一立　故华（花）绯裙一立□

3 故白绢裈一立　故白绢小裈一立　故□

4 故怀袖囊各一枚　故白绢手[脚]□

5 故白绢蹹鞠囊一枚　故黄今（金）[千][两]　故王□

75TKM99 : 6（a）北凉承平八年（450？）翟绍远买婢券

1 承平八年岁次己丑九月廿二日　翟绍远从石阿奴

2 买婢壹人　字绍女　年廿五　交与丘慈锦三张半

3 贾（价）则毕　人即付　若后有何（呵）盗仞（认）名　仰本

4 主了　不了　部（倍）还本贾（价）　二主先和后券　券成

5 之后　各不得返悔　悔者罚丘慈锦七张　入不

6 悔者　民有私要　要行二主　各自署名为信

7 券唯一支　在绍远边　倩书道护

75TKM99 : 6（b）义熙五年道人弘度举锦券

1 义熙五年甲午岁四月四日　道人弘度

2 从翟绍远举西向白地锦半张　长四尺　广

3 四尺　要到十月卅日还偿锦半张　即交

4 与锦生布八纵一匹　若过其（期）不偿

5 一月生布一丈　民有私要　要行二主

6 各自署名为信　倩书道护

7 若弘度身无　仰申智偿

8 时见

75TKM99 : 7 建平六年张世容随葬衣物疏

1 故绯结发一枚　故绀缮结发一枚　故钗一枚　故木蹠（梳）一枚

2 故缝（练）覆面一枚　故缮尖一头　故枕一枚　故缝（练）衫一领

3 故绮两当一领　故碧襦一领　故绯小裈一立

4 故绯大裈一立　故绛绯袴一立　故布裙一立

5 故绯袜一量　故绀鞓（履）一量　怀祐（袖）囊一枚

6 指抓（爪）囊一枚　蹢臼囊一枚　故绢褥一领

7 故绢被一领　杂色百（帛）千匹

75TKM99 : 16 苻长资父母墟墓随葬衣物疏

1 故尖一枚　故导一枚　故疏（梳）一枚　故带〇

2 头二枚　故覆面一枚　故绢裙一枚

3 故褶一枚　故裈一立　故小裈一枚　故大袴一立　故

4 蹼一枚　故履一枚　故幡一枚　故遮

5 一枚，故〇被一枚

6 绢九疋　布五疋　丝百斤　兔
7 豪（毫）千束　黄金百斤　银百斤
8 故手爪囊各一枚

75TKM99 : 17 某家失火烧损财物帐

1 九月十四日，家人不慎，失火烧家，烧紫地
2 锦四张，白叠三匹，条衣一枚，绯褶一领，绢经四
3 匹，绢姬一具，绯襌一领，缍（练）襌一领，绯袴一立，
4 绵经纬二斤，单衣一领，白旃二领，布缕八斤，
5 绵十两，靴六两，蚕种十薄，案（鞍）勒弓箭
6 一具，梁二枚，椽七十枚，木盘四枚，散二枚，
7 碗十枚，瓫五枚，斗二枚，破饥二枚，车一乘，
8 叠缕卌两。

97TSYM1 : 5阚氏高昌缺名随葬衣物疏

1 故履一枚　故中衣一立　故帬一立　故衫
2 一立　故褶一领　故大麺（面）衣一立　故尖一立
3 黄金千斤　白银万斤　厚绢百
4 疋　糸千斤　绵万斤

97TSYM1 : 10-1阚氏高昌某郡綵毯等帐

1 □□□[严]隆成□——
2 隆保綵二疋　毯一张
3 黑奴　张延宗綵一疋
5 [严]习綵一疋　卯度□
6 [张]
7 [严]玄达綵一疋
8 □首兴毯九张了
9 □沙弥毯四张了
10 [赵]保毯[一]张
11 □隆护綵一疋
12 [樊]伦安毯六张　[綵]一疋
13 □□□毯三张
14 □达綵二疋　毯二张

15 ______廿贰张　绵囊买

16 ______卌□疋　毯□张______

17 ________□毯百八十______

2006TSYIM4：4北凉赵货随葬衣物疏

1 故黑示桑一枚　故黑　一枚　故绯肆褊三枚

2 故白缍（练）覆面一枚　故缍（练）繻（襦）一枚　故缍（练）

3 两当一枚　故绢衫一枚　故绢单衣

4 一领　故缍（练）裈一立　故绯小裈一立　故

5 缍（练）羣一立　故手爪囊二枚　　故黑

6 里（履）一两　故绢被一具

2006TSYIM4：8北凉缺名随葬衣物疏

1 绀清（绪）结发一枚　桐（铜）杈（钗）一枚　枣疏（梳）一枚　绀尜一枚

2 帛缍（练）尜一枚　绯覆面一枚　紫繻（襦）一领

3 绮两当一领　帛缍（练）衫一领　绯绢羣一立　黄绢

4 羣一立　结绛绯袴一立　绯裈一立　绢小裈一立

5 帛缍（练）袜一量　绛糸鞕（履）一量　怀右（袖）囊

6 二枚　缍（练）蹹（蹋）臼（鞠）囊一枚　绯手脚爪囊

7 二枚　绢被一领　缍（练）辱（褥）一领

8 有右条衣裳杂物

2004TBM245：1麹氏高昌延寿九年（632）六月十日康在得随葬衣物疏

1 白绫褶袴一具　白绫衫袴一具　白银带一具　大刀

2 服（腿）屯一具　冈（铜）宛（椀）弓箭一具　金钱银钱一千文　脚□

3 一两　播（攀）天思（糸）万万九千丈

2004TMM102：4唐显庆元年（656）宋武欢移文

1 移文　脚靡一具　脚赦（敐）一枚　穴（无）艮（跟）里（履）一具　根袴一具　浧（汗）

2 衫一领　朱衣笼管（冠）具　白绫褶袴十具　　紫绫褶袴十

3 具　白练衫袴十具　白银朱带二具　锦被蓐（褥）三具　被

4 锦一千张　杂色绫练各一千段　布叠一千疋　金钱一万文

5 银钱二万文　金刀子具　牛羊一千头　奴婢十具　金眼

6 笼具　燕明一枚　孝经一卷　笔研（砚）具　石灰三九（斛）　五谷
7 具　鸡鸣一枚　玉坠一双　耳抱具　攀天系万万九
8 千丈□

唐天宝二年（743）交河郡市估案

29 帛练行
30 大练壹疋　上直钱肆伯柒拾文　次肆伯陆拾文　下肆伯伍拾文
31 梓州小练壹疋　上直钱叁伯玖拾文　次叁伯捌拾文　下叁伯柒拾文
32 河南府生绝壹疋　上直钱陆伯伍拾文　次陆伯肆拾文　下陆伯叁拾文
33 蒲陕州绝壹疋　上直钱陆伯叁拾文　次陆伯贰拾文　下陆伯壹拾文
34 生绢壹疋　上直钱肆伯柒拾文　次肆伯陆拾文　下肆伯伍拾文
35 缦紫壹疋　上直钱伍伯陆拾文　次伍伯伍拾文　下伍伯肆拾文
36 缦绯壹疋　上直钱伍伯文　次肆伯玖拾文　下肆伯捌拾文
（中间略）
50 大绵壹屯　上直钱贰伯壹拾文　次□
51 小绵壹屯　上直钱壹伯玖拾文　次壹伯捌拾文　下壹伯柒拾文
52 綵帛行
53 紫熟绵绫壹尺　上直钱陆拾陆文　次陆拾伍文　下陆拾肆文
54 绯熟绵绫壹尺　上直钱陆拾□文　下伍拾伍文
55 □下肆拾□文
56 杂色隔沙壹尺　上直钱拾肆文　次□
57 夹绿绫壹尺　上直钱拾陆文　次□
58 □绝壹尺　上直钱□
59 □绝壹尺　上直钱□
60 □　下拾肆文
61 晕䌷壹尺　上直钱□　次拾捌文　下拾肆文
62 丝割壹尺　上直钱叁拾陆文　次叁拾伍文　下叁拾肆文
63 樵割壹尺　上直钱陆拾文　次□
64 杂色鞍褥表壹　上直□
65 细绵䌷壹尺　上直钱肆拾柒文　次肆拾伍文　下肆拾肆文
66 次绵䌷壹尺　上直钱肆拾贰文　次肆拾文　下叁拾捌文
67 麁绵䌷壹尺　上直钱叁拾柒文　次叁拾伍文　下叁拾文
68 细緤壹尺　上直钱肆拾伍文　次肆拾肆文　下肆拾叁文
69 次緤壹尺　上直钱叁拾文　次贰拾伍文　下贰拾文

70 麄緤壹尺　上直钱拾壹文　次壹拾文　下

71 緤鞋壹量　上直钱叁拾文　次贰拾柒文　下

72 緤花壹斤　上直钱柒文　次陆文　下

73 　上直钱　次拾伍文　下拾肆文

74 　直钱叁伯伍拾文　次叁伯文　下贰伯伍拾文

75 益州半臂段壹　上直钱肆伯伍拾文　次肆伯文　下叁伯伍拾文

76 绯高布衫段壹　上直钱壹阡叁伯文　次壹阡贰伯文　下壹阡壹伯文

77 紫高布衫段壹　上直钱壹阡肆伯文　次壹阡叁伯文　下壹阡贰伯文

78 帛高布衫段壹　上直钱玖伯伍拾文　次玖伯文　下捌伯伍拾文

（中间略）

303 色丝壹两　上直钱玖拾文　次捌拾文　下柒拾文

304 生丝壹两　上直钱陆拾文　次伍拾文　下肆拾文

305 罗头巾壹　上直钱壹伯文　次玖拾文　下捌拾文

306 官绝头巾壹　上直钱捌拾文　次柒拾文　下陆拾文

文书摘自：

1. 唐长孺：《吐鲁番出土文书》（1–4册），北京：文物出版社，1992.

2. 荣新江、李肖、孟宪实：《新获吐鲁番出土文献》，北京：中华书局，2008.

3. 池田温：《中国古代籍帐研究》，北京：中华书局，1984.

文书编号中出土地说明：

1. TAM：吐鲁番阿斯塔那墓地

2. TMM：吐鲁番木纳尔墓地

3. TKM：吐鲁番哈拉和卓墓地

4. TBM：吐鲁番巴达木墓地

5. TSYM：吐鲁番鄯善县洋海墓地

后 记

2015年初，东华大学服装与艺术设计学院和东华大学出版社联合申请了上海高校服务国家重大战略出版工程，《丝绸之路织染绣服饰研究·新疆段卷》为该书系的第一本。此卷主要梳理了20世纪初至今新疆地区汉代至元代墓葬和遗址的纺织品考古发掘情况，介绍出土丝织品实物和文书中的相关记载。撰写过程中，我们收集了国内外各研究机构收藏的近千件新疆地区出土丝绸文物的信息，并从中选取了300余件信息较完整且具有代表性的文物制作成卡片，收入本卷的附录中。

事实上，在我2005年跟着赵丰老师读博士的时候就开始关注丝绸之路沿线出土的纺织品，并数次前往新疆考察和研究该地区出土的丝绸服饰。2006年底，赵丰老师带领东华大学服装与艺术设计学院师生并联合新疆文物考古研究所研究人员进行了“环塔克拉玛干丝绸之路服饰文化考察”，对新疆塔克拉玛干沙漠地区墓葬和遗址发掘的丝织品做了详细的调查和整理，出版了《大漠联珠——环塔克拉玛干丝绸之路服饰文化考察报告》。2006—2015年我们曾前往英国的大英博物馆、维多利亚与艾伯特博物馆和印度国立博物馆，对散落在海外的斯坦因在新疆发掘的纺织品进行了记录和分析。所以，此卷的撰写除了需感谢导师对我的学术上的谆谆教导外，还需感谢各收藏和研究机构的专家学者对我们的大力支持。新疆文物考古研究所所长李文瑛、前所长伊第利斯·阿不都热苏勒、摄影师刘玉生和祁小山老师，新疆维吾尔自治区博物馆研究馆员王博、研究员王明芳为我们的新疆考察和实物研究给予了大力支持和帮助；大英博物馆的研究员麦嘉乐（Carol Michaelson）和维多利亚与艾伯特博物馆的研究员白海伦（Helen Persson）为我们提供了研究斯坦因收集品的机会；北京大学外国语学院的段晴教授对我关于于阗语文书中丝织品词汇的提问进行了细致的回复和指点；中国丝绸博物馆的副研究馆员徐铮也为我提供了若干文献和图片资料。还有很多在研究过程中提供慷慨帮助的前辈和朋友，篇幅所限，不便一一列出。

此外，感谢原东华大学出版社的蒋智威社长和马文娟副总编对项目的支持；感谢东华大学的硕士研究生安薇竹、段光利、朱桐莹、李影、吴思雨、张慧芳等同学帮助我进行材料的整理和图案绘制。该卷的出版还得到了国家社科基金艺术学项目“丝绸之路汉唐丝绸图案设计及文化交流研究”（项目编号：16BG096）的资助，在此一并感谢。

王　乐